U0066744

Les
Temps
nouveaux

Temps des crises, suivi de
C'était mieux avant !

UTOPIE

米榭・塞荷 著
Michel Serres

王紹中 譯

劇變的
新時代

米榭・塞荷
《危機時刻》與
《以前有多好！》
合訂本

奪朱13
社會政治
批判叢書

劇變的新時代
米榭・塞荷《危機時刻》與《以前有多好！》合訂本
Les Temps nouveaux: Temps des crises, suivi de C'était mieux avant!

作者｜米榭・塞荷 Michel Serres
譯者｜王紹中
美術設計｜楊啟巽工作室
電腦排版｜辰皓國際出版製作有限公司

出版｜無境文化事業股份有限公司
【精神分析系列】　總策劃／楊明敏
【人文批判系列】　總策劃／吳坤墉
地址｜802高雄市苓雅區中正一路120號7樓之1
Email address｜edition.utopie@gmail.com

總經銷｜大和圖書書報股份有限公司
電話｜(02)-8990-2588
地址｜248新北市新莊區五工五路2號

一版｜2020年02月
定價｜320元
ISBN 978-986-98242-2-4

國家圖書館出版品預行編目(CIP)資料

劇變的新時代：米榭・塞荷《危機時刻》與
　《以前有多好！》合訂本／米榭・塞荷(Michel
　Serres)作；王紹中譯. -- 一版. -- 高雄市：無境
　文化, 2020.02
　　面；　公分. --（(奪朱)社會政治批判叢書；
　13）
　譯自：Les Temps nouveaux：Temps des crises,
　suivi de C'était mieux avant!
　ISBN 978-986-98242-2-4（平裝）

1.塞荷(Serres, Michel, 1930-2019)　2.學術思想
3.哲學

146.79　　　　　　　　　　　　109000078

Les
Temps
nouveaux

Temps des crises, suivi de
C'était mieux avant !

Michel Serres

目
錄

contents

出版者的一些說明

吳坤墉

無境文化出版 - 人文批判系列總策劃

　　這本由王紹中翻譯的《劇變的新時代》，是繼 2017 年《拇指姑娘》（尉遲秀翻譯，2019 年第二版）之後，無境文化出版的第二本 Michel Serres 米榭‧塞荷的著作。接著會有一本比較跳 tone 的《音樂》（陳太乙翻譯），然後是《自然契約》（王紹中翻譯），作為無境文化出版塞荷著作的小結。

　　說《音樂》比較跳 tone，其實是要說從《自然契約》、《劇變的新時代》到《拇指姑娘》，這三本書有連成一氣的思考。呈現的是塞荷 2019 年離世之前三十年，對於人與自然關係、「柔軟的」劇變對社會之根本改造，及現代人的存在條件，這三個屬於哲學最根本問題的洞見。其書寫風格表現的親密與樂觀性，讓我們看到為何他生前是最受法國人民愛戴的國民哲學家；而其思想之睿智，更讓我們看到他如何當之無愧是提出革命性創見的當代思想大家。

「愛」與「智」兼具，讓獨樹一幟的米榭‧塞荷成為一種哲學家的典範。

台灣讀者比較熟悉的塞荷著作應該是《拇指姑娘》，2012 年它在法國出版後立即狂銷 30 多萬冊，並且迅速被翻譯成其他語言在各國出版。但其實它的寫作已經在 2009 年的《危機時刻》最後一句話預告。《以前有多好！》則是 2017 年以「續《拇指姑娘》」為副標出版。在作者與法國出版社的同意下，我們合訂《危機時刻》及《以前有多好！》兩本書，取名《劇變的新時代》在台出版。

兼具自然科學及哲學素養，以當代、今日為思辨標的，對生命日常之細膩變化追根究柢，塞荷的思想及書寫風格與他這些特質密不可分。在他與學院哲學分道揚鑣後，對話的對象尤其就是喜好知識的一般讀者。好比他創造「拇指姑娘」這樣的人物類型去說明「柔軟的」劇變對人的存在條件帶來的影響，生動而精確。但「柔軟的」劇變更深入的描述，是在《危機時刻》這本因應金融海嘯而寫的書裡。塞荷告訴讀者，金融危機有如一次地震，真正危及人類生存的，是地下板塊的移動及碰撞，並且讓我們看到是

怎麼樣的板塊移動和碰撞。

　　在塞荷 88 年的人生歲月中，總共著作了 70 多本書。其中超過一半是在最近 20 年出版。作為哲學家，思考是日常，更是延續性的活動。而他勤奮筆耕，每年以數本、份量不重的小書，讓讀者可以即時但循著脈絡地與他一起思辨。

　　作為出版者，我們不僅希望呈現塞荷之思想，更希望忠實於他的思想方式。為了達成這個目標，除了《危機時刻》、《拇指姑娘》、《以前有多好！》的連貫性清晰明白，我們認為還需要出版《自然契約》。這不僅是因為這本書對當代人與自然關係的闡述，在思想上具有革命性的意義（借用法國《哲學月刊》總編輯，塞荷思想專家 Martin Legros 的話，「這本書絕對是米榭・塞荷留名 20 世紀哲學思想的扛鼎之作」！），更因為《自然契約》初版發表於 1990 年，可說是前面三本書思考的起點；在 2018 年，也就是《以前有多好！》出版的隔年，增訂新版《自然契約》問世。從開頭的《自然契約》來結束，我們期待以 30 年的跨度讓台灣讀者深入認識這位重要的思想家，對於當代中

的人與世界完整的思辨。而塞荷這番思辨難道不是對人類面對迫切危機卻不作為的警鐘？我有幸兩度與塞荷先生晤談。最後一次是在他離世前的一個多月，當時他的這句話讓人不得不再三思索：「人們總愛批評說我的樂觀主義無可救藥；但我說今日比以前好，卻不敢確定明日會比今日好 ......」。

在這樣的脈絡下，《音樂》是不是確實顯得比較跳tone 呢？但米榭‧塞荷之可愛可敬，正是他的哲思亦包含五官、及所有主要的藝術形式。而音樂對他而言，尤其具有最獨特的意義。這些，請容我留待《音樂》出版時再做說明。

2020 年一月

危機時刻

Temps des crises
（2009）

Michel Serres
米榭 · 塞荷 著
王紹中 譯

目錄

contents

　　一場地震可能只會在土地上留下一道皺褶，或在藝術品、橋樑及建築物上留下幾道裂痕及縫隙。在幾千年以來的地震作用下，地景上出現了一道寬闊的裂口，就如同我們在冰島所見，或是在加州的聖安地列斯斷層（San Andreas）所見。先是可見，接著被印在地圖上，這些痕跡或標記既揭露又隱藏了在下方板塊上的一道巨大斷層，它在不可見的地質構造深處緩慢移動、瞬間裂開，所有這些運動的根本原因在此。

　　這就是本書的剖面圖，這就是本書的主題。今日對我們造成衝擊的金融及股市危機無疑只是表面現象，它既遮掩又顯露了那些在時間中甚至超越歷史時期的斷裂（rupture），就如同那些下方板塊的斷層在空間上也超越了我們的知覺。要獲得這些埋藏的原因，我們就不要只在當下的數字層面上打轉。

　　而當下的情緒層面亦然。之所以需要如你我這般的窮人，在國家的中介下，以十萬火急的方式對這些有錢人伸出援手，那是因為有錢人的財富變得如此巨大，以至於對任何人的生存而言，富人就跟世界一樣是不可或缺的。如此，當今的危機讓少數專家操控下的投機貨幣數字與具體事物（choses concrètes）的整體真實情況之間產生嚴重的短

路。在後者這裡，我重新找回本文開頭所描繪的土地及大地。

　　這本書要讓讀者可以評斷（juger）這些具體事物。

危機的字義

這最後一個動詞可說來得正好。危機（crise）一字源自古希臘文 κρινω，對應在法語上就是 *crinô*，它的意思正是評斷。說明一個詞彙的涵義有時可以釐清其所指涉的內容。例如：一位戲劇批評家（critique）重點在於說明作品、導演及演出的好壞，對於作品略微帶到，避免過多著墨而洩漏了劇情。電影批評家評斷電影為一齣爛片或一部傑作。在某種方式下，批評家設置了一間法庭。

因此，危機這個字讓人瞥見它帶著司法色彩的源頭。在這裡，它涉及由陪審團、由其主席所做出的決斷。決斷（dé-cision）一字來自拉丁文，它的意思是一切為二，如同以剪刀來剪。是或否，我們應該評斷被告有罪抑或無罪？在審判終結時，人們作出裁斷（trancher）。以脖子來裁斷的事蹟猶近。在某部分或某些時候，批評家的意見便決斷了風評上的成功或失敗。

　　在空間中，決斷畫出了道路的分岔（bifurquer）：我們向左轉或向右轉；決斷一齣喜劇是成功還是失敗；被告之有罪或無罪、判刑或釋放。據說，年輕的海克力斯[1]必須在兩條路中間做出選擇：惡行或善行。所以，做出你的選擇。評斷與選擇。

　　自從貝爾[2]撰寫了《歷史與批判詞典》（Dictionnaire historique et critique）以來，自從萊布尼茨以惡的總負責人的名義將上帝傳喚到哲學家法庭上以來，自從康德發表了他那幾本知名著作以來[3]，哲學和歷史學便一起跨入了以批判模式為主導的新時代：這兩門學科以最高法官自居，其本身則免除任何的批評。

　　成為醫學用語，以一種決斷性的方式攸關著我們的身體，發作（crise）[4]這個字描述了有機體正面臨著一種病情持續升高的態勢，直到在身體上形成一種局部性、災難性的高峰，致使整個有機體處於危險關頭，無論所涉及是感染方面、精神方面、血液方面或心臟方面：精神病、哮喘、中風、癲癇等發作、心肌梗塞（crise cardiaque）……在這

1　海克力斯（Hercule）為希臘羅馬神話中的英雄，歷經各種冒險。
2　皮埃爾・貝爾（Pierre Bayle, 1647-1706），法國哲學家、作家。
3　指康德的三大批判。
4　在醫學方面，危機（crise）一般譯為「發作」，後文依此。

種正好被稱作臨界的（critique）[5] 情況下，身體再次自發性地做出決斷：越過這條界限，身體或死去或走上另一條路。再次分岔及選擇。一旦脫離發作的病灶而倖存下來，它就會走上另一條路並痊癒。

那麼，該怎麼理解痊癒呢？身體永遠都無法回返（retour en arrière），康復（rétablissement）這種說法是不正確的，它也無法修復之前的狀態，因為如同在迴圈中（en boucle），身體狀態的這種回返將會重複相同的演變歷程並再次發作。因此，痊癒表明一種新的狀態，如同受到有機體從頭形塑。發作或將身體拋向死亡、或迫使身體發明一種嶄新的可能（nouveauté）。

順便一提，我們在此看到的是生命最棒的秘密之一：從任何部位及從有機體本身，創造出有機體另一種組織方式的可能性！生命可以發明新的存在！我們做不到嗎？我們不也是？

如果我們真的正經歷著一場危機，並且是在這個詞強烈而醫學的意義上說的，那麼任何的回返都沒什麼用處。重啟（relance）或改革（réforme）這樣的說法是沒什麼道理的。或者它所涉及的確實是發作，復原（reprise）的可能

5　在醫學上，critique 具有危急的、轉變期的、關鍵的、臨界的意思。

不存在，因為正如我說過的，復原就等於重複，在循環中
（en cycle），它將讓我們再次落入一種至少類似的臨界情
況中，或者情況更糟，讓我們身陷在一種或長期或短期的
不穩定及混亂狀態，在其中，對於回返常出現的招喚，數
次身陷在一種相似的斷裂（rupture）情況中，這樣的例子
在十九世紀的法國歷史上屢見不鮮：復辟（restaurations）
的次數就跟革命的次數一樣多。或者，與上述的相反，事
情的常軌可以恢復，而這本來就便與危機無關。

　　現在換我應當做出選擇：今日的情勢所牽涉的確實是
一種危機。因此，我們必須發明出新的。我做得到嗎？完
全不確定。我們能夠走出其他道路嗎？我希望。哪些道路
呢？目前還無人知曉。無論如何，再也沒有什麼事情比起
這個更值得我們去追尋了。

　　我要大力鼓吹這種對於「新」的催生。一九二九年，
人類歷經了一場不幸的浩劫，經濟危機逐步地將西方及世
界捲入一場最終導致數億人死亡的戰亂中。我們最好避免
同樣的盲目。有許多人畏懼這種發明的責任，我們不能說
他們錯。但我勇氣十足地為遭逢這樣的機會感到欣喜。為
什麼呢？

第一章

六個事件

千年新象

　　每個人都知道、還有許多人能夠分析出今日衝擊銀行這個投機賭盤的金融危機近因，甚至說得出那些人該為此負責。但我無意在此重複媒體每天所說的話。

　　我並不以經濟學家或貨幣專家自居。我只是簡單思考到股市這變化無常的賭場所造就的數字，跟勞動、財產這種更穩重及緩慢的真實情況之間的落差（這個落差可以透過歐元及百分比來衡量），這種落差（écart）並與今日將媒體政治秀（le spectacle médiatico-politique）與一種嶄新的人類狀態（condition humaine）區隔開來的巨大距離相近。可計算的第一項落差有助於評估第二項距離。本書努力把

這一點說明清楚。

　　為了衡量這兩者，我會在時間上及空間上退後一步。好幾年前，在《人之化成》[6] 一書中，我試圖對於第二次世界大戰後、特別是一九六〇～七〇這十年間影響西方的各種「新」進行總覽。對此，我必須事先界定一下我所使用的概念：即如何衡量一個事件的嶄新程度？一個事件的嶄新程度與由它所畫下句點的時代長度成正比。對此，我還會再加以說明。

1 - 農業

　　廿世紀，在情況與法國類似的國家中，農民及以耕作、放牧為業的人口相對於總人口的百分比從一半以上降到百分之二。在我們所關注的十年間，農業人口的下降甚至釀成一次崩盤的現象，而這項趨勢仍在進行中。儘管西方人繼續仰賴土地維生，但他們至少在這方面離開了土地。

　　從新石器時代以來，西方人就在土地上勞動，賴以獲得生活所需。這種晚近發生的斷裂可視為遠遠超出尋常歷

6　《人之化成》（Hominescence）出版於二〇〇一年。塞荷為了表達近半世紀世界的巨變，讓人處於一種本身發生變化的狀態中，於是創造了 hominescence 這個字，他舉例說，就像青少年時期（adolescence）意味著孩童朝向成人（adulte）變化的這個狀態，hominescence 也意味著人朝向某種人變化的過程，斟酌其含義，將之譯為「人之化成」。hominesent 則譯為「化成之人」。

史的事件，因為它終結了一個開始於史前時代的歷史段落。我們可以說在廿世紀、尤其是一九六○～一九七○的這十年間，新石器時代開始結束。

我已經說過：如何評估、如何度量一個事件的重要性，即它的嶄新程度？假如度量方式確實是與它所終結的時代長短成正比，這種農村人口的急遽枯竭是廿世紀最重要、最罕見的斷裂之一，因為它結束了一個開始了一萬年的時代。我也會用同一種方式來度量後面將要談到的斷裂。

與此同時，居住在城市的人口比例從一八○○年的百分之三上升到一九○○年的百分之十四，到了二○○○年這比例則超過一半以上。人口學家預測，到二○三○年比例將達到百分之七十到七十五左右。我們已經在各地看到了規模巨大的大都市帶（mégalopoles）。

因此，當我們古老的歷史說到巴比倫、耶路撒冷、雅典、羅馬、巴黎、倫敦或華盛頓……的重要性時，它要說的是什麼呢？它歌頌這些居住在城市裡極少數人的權勢嗎？而那些絕大多數居住在城外、因而在這種敘事之外的人呢？除了他們為之殞命的戰爭外，我的農民祖先和水手祖先們，甚至是與我的世代相距不遠的祖先們，他們對這個歷史毫無所悉，除了它從母親的手中奪走她們小孩的生

命、從女孩手中奪走她們年輕愛人之外。

當大多數人因此脫離土地，人與世界的關係便產生了變化。在晚於我出生的幾個世代中，從未見過小雞或麥稈、牛軛或田犁的大有人在。沒見過牛、豬或一窩鳥蛋。他不僅未曾見過或聽過火雞叫或鴨子叫，而且他不再能說地方語言，曾經由百花齊放的地方語言所形成的馬賽克，隨著以農民為主幹的步兵在第一次世界大戰中遭受集體殲滅而迅速被削弱，爾後再進一步隨著各地農村聚落的消失而急遽沒落。

現在，水手和飛行員以 GPS 全球定位系統進行導航，沒有人再參照星斗。甚至就連天文學家也是透過螢幕來進行研究。為了掌握天氣狀況，人們不再仰望天空，所有人都看電視的氣象預報。人們相信自然的仁慈和老虎的溫馴。這樣，實際上，哲學家古老的在世存有（être-au-monde）如何維續下去；應該說是公寓存有（être-appartement）才對，甚至偶爾穿著海灘褲去希臘的阿卡迪亞（Arcadie）度假。

這種對於世界的無知，我們長久以來生在其中，在此刻仍然持續著。不過，此刻既不穩定又脆弱，世界甦醒了，我們將會看到，它改變了身分，成為政治上的第三方行動者。

　　首先：在城市裡，一切都成為政治的（politique），
這個詞源自希臘城邦（polis）。每個人都是公民，而且人
數愈眾。幾乎沒有人不生活在城牆裡面，並繼續生活其中。
在世存有變少了。因此，誰還會像過往認識著世界、實踐
著世界的農民一樣地認識世界呢？

　　其次：更確切地說就是此刻，世界正報復著及威脅著
人類。從此時開始，就其傳統的意義而言，也許不再有什
麼繼續會是真正政治的。

　　後文我會再談到這個轉變。

2 - 運輸

　　現在來說說由全部的運輸方式所創造出的新的人類環
境。

　　從一八〇〇年到今日，人們的移動性（mobilité）已經
提高一千倍。例如，在二〇〇八年，全球空運達到三兆延
人公里[7]。至少從人次來看，二〇〇六年有全球人口三分之
一的人次（廿三億）搭乘飛機，並且還會持續成長。當然，
自從智人（Sapiens）出現以來，這是前所未有、無可比擬
的。

7　延人公里（kilomètres-passagers）：某特定時間內，所運送旅客運程之總和。

　　同樣地，幾千年來，水果和蔬菜、野生或飼養動物、昆蟲、節肢動物、病毒及細菌保持不變的移動性也依同樣的比例提升。超市裡商品運輸的距離也以數千公里計。

　　在《天使傳奇》[8] 的書中，我將一個意想不到、透過變化而維持不變（invariant par variations）的新集體命名為新城（Villeneuve）。它是由成千的城際組織（tissus intervilles）所連結起來的全部城市的總加與混合。在這些城際組織中，例如全世界最大的餐廳，就是存在已經好幾十年的美國最大航空公司的餐飲服務。整個法國成為一座城市，高速鐵路（TGV）是它的地鐵系統、高速公路是城市街道。

　　大量的移動讓人類的免疫系統暴露於一些流行病的傳染下，某一天我們可能不知道如何應對。

3 - 健康

　　大約在一九五〇年代，青黴素和抗生素的使用讓醫療更有效，至少對那些主要的傳染病而言情況是如此，如結核和梅毒。許多人說，這種有效的醫學是在第二次世界大戰後才真正誕生的，表面上看來似乎有其道理。此外，在

8　《天使傳奇》（La Légende des anges）出版於一九九三年。

化學及藥學發達下，止痛藥（antalgiques）、麻醉止痛藥（analgésiques）及麻醉藥（anesthésiques）問世，其效力消除了疼痛（就統計上而言），這種普遍而日常性的疼痛經驗，讓存在、行為及倫理都擺脫不了那種日常性的忍耐，當我們在忍耐中從事一些練習，試圖至少在部分上忍受這一生都無可避免的伴隨物，貴人多忘事的我們竟把這種忍耐的功夫說成是某種對痛苦的享受（doloriste）。例如，晚近硬膜外麻醉（péridurale）[9]的普及也改變了產婦生產的狀況：減輕了生產的疼痛，一改打從智人出現以來便忍受至今的這種疼痛詛咒。另一個例子，甚至只能說是個奇蹟：世界衛生組織在一九七〇年代讓天花在世界絕跡。它治癒的不只是一個病人，而是整個疾病。一個世界組織（mondiale）消滅了一種四處盛行的（universel）病毒。

　　就在第二次世界大戰爆發前不久，雷內・萊里奇[10]將健康界定為器官的沉默（le silence des organes）；它證明不健康的器官特別會發出痛苦的聲音。今日，大家說到健康，不是說體態良好（forme）、就是說狀態很好（bien-être），我則定義為器官的天籟（l'exquise musique des organes）。

9　即脊椎麻醉法。

10　雷內・萊里奇（René Leriche, 1879-1955），法國外科醫生、生理學家，親身經歷第一次世界大戰在身體上所留下的各種創傷，開始鑽研疼痛問題，尋求降低疼痛方法。

換句話說，在我前面所說的醫療進步發生前，至少在西方，疾病是正常的，至少從其發生頻率上而言是如此；此後則是健康成為正常。

於是，身體出現了轉變。在一九五○年代，出現了一個具有嶄新性質的人類有機體，對此我們還沒有提出適切的概念來說明。我依舊是從統計上的情況來講：痛苦減輕，不可治癒的疾病越來越少、疼痛在皮膚上所留下的痕跡較少……往昔人們把身體遮蓋起來，因為上面佈滿了疤痕和淋巴瘤，現在則不再羞於示人，人們在海灘上褪去衣裳，展露身體。

更好的是，這真是一個光榮的記憶，至少從塞麥爾維斯[11]以來，我們開始控制產婦及胎兒死亡率，而從平卡斯[12]以來，對性生活、生育及出生的掌握。在我們這個依舊帶著可憎的大男人主義的文化中，希望男女平等終將到來。我們的歷史課本直到近日都還在說一個令人無法忍受的謊言，說法國人怎麼贏得普選的權利，但實際上當時只有成年男子可以投票。

11　伊格納茲・塞麥爾維斯（Ignaz Semmelweis, 1818-1865），匈牙利產科醫師，發現衛生條件為產婦致死因素之一，積極倡導現代產科消毒法，產褥熱死亡率顯著減少。

12　格雷戈里・平卡斯（Gregory Pincus, 1903-1967），美國生物學家，避孕藥發明者之一。

　　過往，出生的時間、劇痛的到來及患病的長短都不取
決於我們，但是現在，在某種程度上它們由我們來決斷。
甚至死亡的時刻也是如此，我們可以透過下列方式來延遲
死亡的到來，這包括避免過度攝取油脂、禁菸以及列出十
種容易上癮過量而該避免的東西，並且投入兩種日常鍛鍊，
一種效果卓著，也就是身體的鍛鍊，另一個對於預防癡呆
不可或缺，但卻很少有人從事，即知性的鍛鍊。

　　小結：從一個越來越被忽略的世界、從一個夢想的自
然、從一個充滿變動但很快變得虛擬的（virtuel）環境當
中，出現了一種身體，它與其父親一輩的身體沒什麼關
係，即便二者在時間上的距離其實並不遠。

　　在此處，這些與健康有關的事件所終結的時代不再
以幾千年計，而是直接上溯到智人的出現，它所涉及的不
再是跨越歷史到史前的階段，而是幾乎碰觸到人類演化
（hominisation）的這個過程。這就是為什麼我在不久前選
擇了「人之化成」這樣的詞彙，比起人類演化這個字眼較
不累贅，來描述這個牽扯著百萬年歷史的嶄新性。

4 - 人口

　　在同一時期，大體上出於前面所述及的相同原因，

特別是嬰兒死亡率的逐年下降，世界人口從廿億增加到了六十億，並即將達到七十億。人口主要均集中在大都會帶。人口的高峰日期：一九六八～一九六九年，人口增長達到自智人誕生以來未曾有過的頂點：百分之二。此後略為下降。

與此有關的是，不過侷限於富有國家，人的平均壽命也增長，人口學家估計目前每年以三到六個月的驚人速度延長。在法國，我們的伴侶平均壽命超過八十五歲。再過不久，我們社會裡的百歲人瑞可達數千人。像喬治·桑[13]或巴爾扎克創作的小說，或像繆塞[14]的喜劇，不過只是一個多世紀前的事，當中我們讀到女性的壽命是卅歲上下。

但往昔的雪今何在？

這種人類境況的重組應該會深刻改變制度及風俗：家庭、退休、遺產、繼承、傳承。在配偶宣誓至死不渝而其長度不過五年的婚姻，與同樣的承諾得經得起六十年考驗的婚姻還是一樣的嗎？那麼，為什麼我們還會對婚禮數量的下降感到驚訝呢？用的字沒變，但所涵蓋的則是完全不同的實際情況。原本一代傳一代的財產繼承，現在有時延

13　喬治·桑（George Sand, 1804-1876），十九世紀法國小說家、劇作家、文學評論家。
14　阿爾弗雷德·德·繆塞（Alfred de Musset, 1810-1857），法國劇作家、詩人、小說家。

後了兩個世代。還不只如此：往昔、乃至不久前，年輕人上戰場，成為槍下亡魂，他奉獻給祖國的生命不過幾年。換作今日，他們還會懷抱著同樣的熱血上陣，為了這個他們此時認為無足輕重又可怕的集體或為了這些被他們認為是劊子手的將領，而獻出他們好幾十年的生命嗎？那麼，為什麼對於以全然不同的感受來看待戰爭覺得驚訝呢？今天我們還會為了歷史根據其一生送入萬人塚中的屍體多寡而賦予榮耀的兇手在廣場上豎立起青銅或大理石雕像嗎？

　　但我們往昔的英雄今何在？

5 - 連結

　　在世界和身體之後，接下來是我們的關係。新的技術正在改變我們的關聯方式、我們的鄰里關係（voisinages）、我們的知識以及我們認識的方式。連結（le connectif）取代了集體（le collectif）。較諸過去世界上一流的學者，今日我們當中最無知的人都可以輕易地取得更多的知識。這種不費吹灰之力的容易程度讓歷史類或哲學類的學院論文已成為過時，而過往淵博的學者卻需要為此不辭辛勞地抄錄所有可以尋覓之文獻，並展現出來，以顯露他扎實過人的功夫。現在只要滑鼠一點，相關文獻便無所遁逃，以不

到一秒的時間取代了過往十個寒暑的研究。一種新的理性（raison）出現了，但面對著洪水般的爆量細節、資訊、見證及各種資料，我必須說它的抽象性喪失了一些。在新理性旁邊，一種新的客觀記憶（mémoire objective）出現了，它開始取代主觀記憶，這麼一來，主觀記憶便退卻許多。

但是我們往昔學富五車的大學者今何在？我們往昔的教育將歸於何處？

還不只如此，我們也不再住在同一個空間裡了。我們的老式地址添上了街道號碼及轄區劃分，顯示我們居住在古老的歐幾里得空間，或進步一點兒，透過距離參照著座標而居住在笛卡爾空間。另一方面，出於法律及王權，同樣的地址讓收稅官、憲兵或警察在欠稅、逃避兵役、違法或重罪時可以登門追查。手機碼與 adèle 碼（這是我們魁北克朋友所使用的超棒的電子郵件地址）則不再參照任何的距離座標，這種編碼方式讓人覺得我們現在居住在同一個鄰里。新技術並未縮減距離，但將所有的家搬到另一種空間裡，即拓樸空間。所有的人皆近鄰，我們已經不再跟我們父親住在同一住處。

但我們昔日的棲居地（habitat）今何在？

同樣地，任何議題可以對其他人產生的影響也不同

了，甚至一些議題不久前還被視為無足輕重或甚至是粗俗的。華德太太（Huard）是比利時瓦隆區市民、一位普通家庭主婦。幾年前，她的網路點閱率超越了被視為要籌組比利時政府的一位政治人物在所有選舉活動中的總得票數[15]。雷米‧蓋拉德（Rémi Gaillard）是一位住在蒙佩利爾郊區、才華洋溢的年輕人，他僅以四千歐元、沒什麼利潤或很少利潤的方式，自行製作一些逗趣搞笑的短片，他的網站獲得全球四億次的點閱。一位是女性、一位是男性，我非常推崇兩位人士，他們教導人們尊重馬路上遇到的任何人。實際上，我推崇他們這種幾近全然的匿名性，更勝於那些用武器、暴力（無論是物質的、精神的、金融的或媒體的）讓自己凌駕於眾人之上的女人或男人的榮耀。我喜歡這些宣告民主的春天終於到來的燕子，這樣的民主是我們從古希臘貴族政治的謊言以來所不曾聽聞過的，以往那些盡是些贗品罷了。

但往昔的政治和明星今何在？

6 - 衝突

在分析中，我要讓時光倒退半個世紀，上溯到第二次

15　華德太太的部落格以比利時荷語區及法語區的內訌為主題，吸引大量網友點閱。

世界大戰，因為它標誌著人類演化上的另一座里程碑。亦即，根據專家的研究，這是首次的衝突，其中人類能夠殺死的人，多過於在先前衝突的過程中及機緣下出現的微生物及細菌所致死的人。理性、科學及技術的力量第一次超越了自然的生命死亡法則。為戰而戰，勝過了為生存而鬥爭。炸彈擊潰了達爾文。

在此以前，打從雄性智人開始沉迷於互相殺戮的殘酷樂趣以來，戰役上確實出動了武器及軍隊，但是同時上場的還有老鼠、跳蚤及病毒，因它們而致死的人，遠多於死在白刃、槍口、甚至機槍掃射下的人。然而，即便是在被認為殘暴程度史無前例的第一次世界大戰的萬人塚裡，戰場上死亡的人數仍比所謂的西班牙流感所致死的人數要少。根據最新的估算，其受害者可能高達一億之譜。第二次世界大戰標誌著情況翻轉的時刻：就死亡統治（thanatocratie）而言，自此以後，我們的能耐比自然更大。多麼殘暴的宰制模式！是的，在這段期間，對人而言，人變得比世界還要危險。

曼哈頓計畫達成原子彈的發明，後來投擲在廣島和長崎。我曾經稱它為第一個世界物件（objet-monde）：它的某個尺度可堪與世界的有形尺度相比擬。自此之後，更多

的世界物件相繼問世，包括衛星、網路、核廢料或奈米技術。冷戰讓這個過程繼續推進，若干國家或明或暗地發展核武。

如此，世界強權的平衡關係處於一種我們還不清楚如何確切分析的狀態裡頭，這當中充滿著矛盾，我們無法確定最強的、甚至持續增強的一方，是否能夠長期坐穩霸主寶座。例子：投入上兆軍費、世所公認的超級強權就在此刻無法戰勝一個世界上最弱的國家。奇怪的強權危機。

但昔日的霸主何在？

全球危機

六個事件總結。在幾十年間，下列方面出現了根本的改變：跟世界之間和跟自然之間的關係、身體及其疼痛、環境、人與物的移動、平均壽命、對生及有時對死的決斷能力、全球人口、空間中的棲居地、集體中連結方式的屬性、知識及權力……

至少在一點上，我們掌握了進行比較的歷史素材。我常提到，資訊科技提供了一些對於訊息進行儲存、處理、發送及接收的新方法。在這之前，十五世紀發明的印刷術，

以及在耶穌基督誕生以前發明的文字書寫，都帶來了類似的作用。這兩項發明的運用改變了法律、城市及其治理、貿易、科學、教育及宗教，以具體的方式證明了軟科技（technologies douces）對社會的影響力比硬技術（techniques dures）高出千倍以上，相較之下，後者受到過度地高估。事實上，數學隨著書寫的發明而誕生，現代科學則與印刷術相伴。同樣地，鑄造錢幣取代以物易物而銀行的鈔票取代了銀幣。以此類推，以聖典（le Livre）及神聖書寫（l'Écriture）為據的一神教出現在肥沃月彎，在文藝復興時期促成了宗教改革 [16]。如此的改變幅度幾乎廣及所有的制度。歷史被點亮了兩次，而這種情況如今再度發生。我們身處其中的地方性及部分性的危機實際上與新技術的誕生有關，並影響了我方才列舉的所有領域。

然而，我們還沒有一個等同的模型來評價在農業上或身體上改變的影響或是評價那些發生在與世界的關係上、與人的關係上的斷裂。我再次強調，一個事件的重要性是由它所終結時代的長度來衡量。今日我們身處其中的改變，它們所停止的或結束的時代跟新石器時代至今一樣的

16　在字面上，塞荷的表達並不清楚，不過，我們應該依循著「數學隨著書寫的發明而誕生，現代科學則與印刷術相伴」的模式來理解後面所說的「錢幣／鈔票」、「一神教／宗教改革」。

漫長，甚至要從人類的誕生開始算起，也就是幾萬年或甚至幾百萬年。我清楚地看到這道裂痕開口的前端，但我並不確定我能同樣清楚地看到其後端。從人類誕生以來，女人和男人便不再改變了嗎？這是為什麼我使用了新的詞彙「人之化成」。當如此決斷性的轉變來臨時，到底會發生什麼？

　　要逐一重新審視，尤其是上述所說的這些變化的不同組成部分，我們可以理解為什麼現在發生危機：農業生產和農產品流通、教育與大學（簡言之就是知識及傳統的傳承）、軍隊、戰爭本身及恐怖主義、醫院、法律、社會連結、城市、宗教……換句話說，我們不僅是去談論近期發生的金融災難，其嚴重性已經明白地攤在眼前，也就是金錢和經濟已經掌控了所有的權力、媒體及政府；更為要緊的是，承認這個既明顯又全面的經驗，也就是我們一切制度目前都面臨著一場其範圍遠遠超過一般歷史範圍的危機。

　　你們說說看，現在還有什麼事情沒有陷在危機當中！

當代事件

　　剛好就在我稍早所談的那十年間，在歷史光滑的表面上，發生了三道幾乎察覺不出的小皺褶：在一九六〇至

一九六五年間，從布列塔尼到阿韋龍（Aveyron），從阿爾薩斯到庇里牛斯山脈，在法國爆發了爾後罕見的農民革命，並造成十多人喪生；一九六〇到一九六二年間，在羅馬舉行了第二次梵蒂岡大公會議（le concile Vatican II），攸關教會的現代化（aggiornamento），引發天主教這個世界最大宗教的不安，我要說的是處於失衡的狀態；最後在一九六八年，正當原子彈變成核子彈時，學生運動在全球掀起了波瀾。

　　我相信這三個事件勾畫出一個構造板塊，它們是對前面事件總結中所描述「人之化成」有關的種種改變所做出的回應。鮮少有分析者察覺出它們在實際上所牽涉到的範圍，因為所有人的思考都繞著經濟或政治層面打轉。然而，它們所觸及的卻是在我們的傳統及文化中最悠久及最深層的東西：宗教、學術或文化、軍事、經濟，也就是過去曾經由喬治・杜梅齊爾（Georges Dumézil）所談到的階級：教士及神職人員、戰士、生產者[17]。我還會再回到這個在幾千年來一直分配著印歐地區的三元組（triade）。

　　既詭異又危險的情況是，儘管出現了這些重大轉變，

17　喬治・杜梅齊爾（Georges Dumézil, 1898-1986），法國語言學家、宗教史家及人類學者，精通卅餘種語言，致力於印歐各地宗教及社會比較研究。

我們的制度：政治、宗教、軍事、大學、醫院、金融、企業……皆維持不變，彷彿什麼事情都沒有發生一樣。

他們人口不到十億人，絕大多數是依附在耕地上、散落在鄉間的農民，他們也是體力勞動者，身體幾乎沒有機會接受治療，更別說使用什麼藥物了，平均壽命卅歲，每日承受各種病痛、生活上毫無舒適可言，一旦遇到飢荒及疾病幾乎難以倖免，並且面對著一個生存上不可或缺卻又令人感到殘酷的自然。為了這個延續了上千年、突然在半個世紀內終結的世界所設想、所發明及組織起來的各種經濟及政治理論、制度及社會體系，卻繼續管理著一個在人口總數上及各方面都迥然有別的世界。我們將為這樣的盲目付出代價。

換句話說，在過往變化著、今日仍持續變化著的自然與社會的真實狀況、在身體的嶄新可能、它們與世界關係、它們的新鄰里關係，我要說的是，也就是在這才剛降臨的現實與建立在生活方式完全不同的另一個時代的組織方式之間的落差，在過去的五十年間不斷地擴大。我們還能如何衡量這種落差呢？透過富有國家與其他國家之間的距離來衡量，關於這個距離，我曾在《天使傳奇》中拿我們希臘羅馬祖先建立在必死之人與不死之神之間的差異來做過

比擬。

再也沒有比把生活建立在這種落差上更冒險的事了。它詭異地類似於兩個板塊間的張力，這種張力在沉默中累積，一場地震蓄勢待發，其爆發的強度與等待的時間成正比。

仍舊佔據著主導地位的制度頃刻間古老得宛如昔日的恐龍，躲避在表演迷幻藥（drogue du spectacle）中。需要麵包，確實是，因此目光總是投注在經濟、購買力、失業……；需要麵包，確實是，但更要緊的是沉迷於各種遊戲中，好忘卻麵包：電視的、廣播的、運動的、甚至是選舉的遊戲。我們可悲地目睹著各式各樣的表演迷幻藥不斷地擴散風靡。西方人，癮君子（toxicomane）。

我們抵達了這個無意識板塊（plaque d'inconscience）的盡頭了嗎？我聽到一些動盪的到來，至少是類似於那些能讓一整個時期終結的動盪，如同古代之終結，它許許多多的文化都消失殆盡。我重申，我看不出在此描繪出的這道裂痕開口的後端，但無疑地，它會接近於對這些轉變之種種後果超乎意料的重新安排。無疑地，顯而易見的零散項目——如同前文的事件總結所指出的——將一同形成一

幅總體的、新的、不可預測的畫面。

　　但在等待的同時，我所提出的觀察讓我們能夠對於危機的深度及廣度有所評估：其影響所及不僅涵蓋金融市場、勞動及工業，甚且是整個社會、整個人類都包含在內。實際上，它超越了一切的歷史，它涉及到人跟世界根本關係的改變。

回溯印歐

　　我剛允諾，要在時間中進行第二度的回溯，以及在空間中另一次地拉大視野。

　　我說過，至少在印歐社會（sociétés indo-européennes）中，社會和政治制度在一個預先（au préalable）分為三的地基上展開，在權力上、在功能上皆是如此：宗教、軍隊、以及包含生產及貿易的經濟。近來，前文提及的喬治·杜梅齊爾在好幾本著作中把這項三元組鋪陳在好幾個不同的文化、語言及地點上，從神話、象徵、習俗及行為等層面上，他呈現出三元組長期的穩定性。這位作者也經常以朱庇特（Jupiter）、戰神（Mars）及奎里努斯（Quirinus）等三位古羅馬神祇來表現這個三元組，我從很早以前就折服於這種既一目了然、同時格局又大的說明方式。就像在法

國大革命爆發前夕所提出的教士、貴族及平民等三方的權力分配架構中，同樣的三元組仍然延續著。

在不同時期及地區，一小撮打著朱庇特名號的祭司或教士、打著戰神名號的軍事將領、以及打著奎里努斯名號的富豪（或者至少在幕後操控），他們逐一掌握大權。至於其他的菁英統治類型在歷史上出現的情況並不多。我們總是臣服於少數、萬中挑一的領袖。如此，我們經歷了千年的神權統治（théocraties），接著是中世紀的封建制度，最後是經濟至上的現代。在十副面具之下（也包含民主的面具），教士、戰士、富豪等一小撮人遂行著統治，或者甚至是那殘酷而軟弱，所謂的行政科學專家遂行著統治。

在啟蒙時期，至少在西方，除了幾處散落在地圖上有如絕症般危險的神權體制之外，朱庇特的統治時代一去不返；時至今日，別無二致，我們仍然只會為了它的絕症或致命性的殘餘而感到遺憾。歷經了法西斯主義、納粹主義、斯大林主義及熱核彈，我希望，我們殘暴的廿世紀已經看到戰神時代的終結，因為正如我說過的，今日軍事超級強權不知道也不能夠贏得一場被視為輕而易舉的戰爭，戰勝弱小的對手。

因為在史書上讀過千百次，同時也出於天真，我們

相信羅馬人不停追逐麵包及遊戲（panem et circenses）[18] 的往日行為是得自於羅馬帝國的沒落，或者至少因此讓人們看到它的沒落。然而，情況並非如此：正是這樣的行徑導致了帝國的沒落。實際上，相信一個社會只需要麵包和遊戲、經濟和表演、消費力及媒體、銀行和電視就能生存，就如同我們今日這樣，這與整體的真實運作背道而馳，因而這個排他、錯誤的選擇將加速社會走向滅亡，就像我們在古羅馬歷史上所看到的那樣。舉例來說，這情況就有如一個有機體只看、只吃卻不呼吸、走動及飲水，那麼立刻就步上死亡之途。我的意思並不是說經濟不重要，經濟當然重要，但是單單只仰賴經濟並點綴著各種再現（représentation）帶來的擦脂抹粉的五光十色，這將帶領我們走向滅絕。

　　現在，我甘冒風險提出一項大膽假設，而且顯然地我暫時對此項假設既不能也不知如何拿捏得更好。假如，現在輪到祂了，當前的危機所吹響的是經濟獨霸階段的終結呢？繼朱庇特及戰神之後，現在換奎里努斯要從王座上走下嗎？針對世界，奎里努斯領導並繼續控制一種對祂而言

18　語出西元一世紀末、二世紀初的羅馬詩人尤維納利斯（Juvénal）的詩句，指涉古羅馬當權者藉著麵包之飽足及遊戲之娛樂等手段讓人民沉醉其間、方便統治。

是致命性的剝削，祂會因此而死嗎？祂會死於因為組織起一種其絕大部分的活動是讓世界枯竭的勞動嗎？祂會死於曾經將人類劃分為階級，因而前面提到過的強權的傾覆可能基於下述事實而發生（完全合乎人性）：一場依恃著一套技術而展開的戰爭（這套技術意在保護發展它的那些生命）將總是敗給人數眾多手無寸鐵、但不惜犧牲的人？換言之，處境悲慘的人口將戰勝熱核武的強權，但這個勝利不就也敲響地球的喪鐘嗎？

我們對世界所展開的這種由來已久的經濟關係接近尾聲了嗎？簡言之，無止盡的探索、進步、或理性及技術開發的潛力，始終以具體事物（無論是無生物或生物）所構成的一個有限整體為其對象。用一個意象來說，這是人類的無限性面對世界的有限性。還記得嗎，從前我們的想法正好相反：過去我們相信人的脆弱、相信壓制著我們的自然的威力，相信人的有限、世界的無限。我們過去充滿勇氣地認為整個人類歷史就是不斷對抗著一個比我們更大、更強的力量。這個意象現在翻轉過來：我們現在知道人類才是無限的，在理性上、探索上、欲望上、意志上、歷史上及權力上、甚至在消費上都是無限的；與我們相對的自

然卻是有限的。我們過往視自然為一個比歷史更長的過程，因為我們認定它是無限的，這個過程現在翻轉過來，今日我們牴觸到這道屏障（barrière），就是世界。無疑地，屏障的漸近線（asymptote）構成了危機的開口後端。無疑地，這是要求我們至少要避開、或者更好的是走上新道路的極限（le non plus ultra）。這就是所謂的人類世（anthropocène）[19] 時代的開始：其中，人具有他可以施展的空間，而面對著這個障礙，人必需改弦更張，避免重蹈覆轍。

　　回到我前面提到的事件總結：無論所涉及的是農業及人跟自然的新關係、貨品與人的運輸及移動、公共衛生、平均壽命及人口成長、空間、由新技術所建構出的鄰里關係下的新家、大規模毀滅性武器及恐怖主義，不變的是世界在實際上形成了這一切共同的漸近線，是所有這些過程的總座標。共同的漸近線，沒錯，但也是為人所熟知的漸近線，因為我們開始知道如何評估它各方面的總量及全部能耐。過往，一切都朝向它走去（aller vers lui），朝向我們所認定的無限，但做為一個有限的屏障，從現在開始，

19　概念於一九八〇年由美國生物學家歐仁‧斯托梅（Eugene F. Stoermer, 1934-2012）提出，指稱人類目前所處的地質學年代，凸顯出人類對大自然的影響力。

一切是從它而來（venir de lui）。而問題是來自於我們的歷史，我預見的那些可能的解答也將從歷史中誕生。牆、屏障、家、生存條件⋯⋯這些，歷史通常遺忘。

實際上，面對著一個新的屬（genre）的必要性，「化成之人」（hominescent）站了起來，其數量、身體、力量、通行、與其他人的關係、科學及介入能力都改變自然及他的本性、跟事物的與跟人性的深層關係。他現在配備了一些工具或機器，它們往往有一個或多個尺度與世界的某個尺度相匹配：大規模毀滅性或建設性武器、在空間、時間、體積、速度方面的全球技術、在微小方面的奈米科技⋯⋯，「化成之人」在世界的高度上站了起來。

這是何以我們現在迫切需要重新思考這兩個主動性主體的地位、以及在二者的關係中它們各自的角色，這方面直到現在仍被視為是相反、帶著攻擊性或各說各話的。

第二章

世界之物

兩方戲局與三方戲局

面對這個無限的「化成之人」（hominescent infini），今日位居另一邊的是有限的世界（Monde fini）。先點出這兩個詞，好讓此處的討論暫告一個段落。

我們還是先回過頭來看。在我們與世界的關係上、在我們與人類命運的關係上，第一次的重大演變發生在古代：儘管其意見並不一致，並帶著保留，古代的智慧基本上將事物區分為依賴我們的事物與不依賴我們的事物。智者會把或應該把他的心力投注在前者，別去煩惱被視為具有必然性的後者。從斯多葛學派、從伊比鳩魯學派到我的父親，中間經過拉・封丹（La Fontaine），沒有人高傲到期待有

一天能夠控制氣候、流行病、出生的時間和死亡的時間。

第二次重大的演變為現代揭開序幕。笛卡爾要求我們成為「自然的主人及擁有者」。這個方案擘畫了接下來三個世紀合理稱作進步（le progrès）的道路。在這個初始方案所帶動的研究及實踐結果下：有越來越多的事物開始依賴我們。我方才臚列出了一些這樣的例子，它們並且馬上就在同代人眼前成為現實，造福他們。西方社會變得萬事苛求，一直到汲汲營營、滿心焦慮的商人與享受著舒適的孩子為西方社會覆蓋上一股抑鬱（mélancolie）的浪潮。

第三次重大演變敲響的正是當代：最終，我們依賴著本身卻依賴於我們的事物。難以處理的奇怪迴圈。實際上，我們依賴於一個在某部分我們該為它負責的世界。我剛才說過，我們正在進入這個人類世時代。

本書開頭所談的危機就有如一道閃電打在我們頭上：實際上，在這裡，真實就擺在我們的眼前，世界之物（les choses du monde）就擺在我們眼前，其情況就如同在經濟方面，我們正是依賴著那些也依賴著我們的事物，像是金錢、市場、勞動與交易。這就是為什麼我一開始就把兩種落差擺在一起看，一個是我所分析的落差，一個是金融上的落差。換句話說，對我們而言，具體世界（le monde concret）對著我們作用，就宛如我們自己造成的，同時，由我們所鑄造的錢幣、所推行的工作卻對著我們作用，卻彷彿它們不是我們所造就的。

這種翻轉的狀態被表現及描繪得很清楚，但它卻是讓人陷於盲目，它碰觸到難測之深處，在其中我們所創造的符號（signes）與不由我們創造的世界、我們的產物與具體條件、我們的理性與現實、我們的自由意志與必然性以一種新穎而奇怪的方式混合在一起，向我們呈現，並要求我們提出另一種看待世界與人類的方式及相關的實踐和理論，沒有任何過往的模式可循。是的，對自然的掌握和擁有一旦實現，或接近於此，最後將以自然擁有我們、掌握我們而告終。我們曾經眼看著就要主宰它了，現在卻輪到它來主宰我們。就像市場一樣。看起來，在我們前面，另一個主體站起來了。我們現在來談。

為了把這種迴圈說得更清楚，讓我們看一下哥雅（Goya）的一幅畫作 [20]，《自然契約》（Le Contrat naturel）一書在廿年前出版，我在首頁篇幅裡便分析了這幅畫。

20　指西班牙畫家哥雅（Francisco Goya, 1746-1828）於 1820 至 1823 年間所創作的作品〈揮棍打鬥〉（Fight with Cudgels）。

　　為了迴避如此困難的真正問題，如同我們所知，我們的社會逃避在再現及表演裡頭：一方面是由死亡、屍體所堆疊出來的恐怖及憐憫，以便用寫實又重口味的內容來填塞生活毫無意義的千篇一律；另一方面是用麵包及遊戲來激起人的興致。社會於是沉迷在這個問題上頭：誰會贏？一遍再一遍，這個問題引發並帶動了一段讓人屏息以待的時光，那種懸疑總是不斷重新開始的時光。選舉、最佳銷售、足球、遊戲的錦標……誰會贏？好奇地等待著一個卻是事先人盡皆知的結果：總是最富有的人贏，無論是奧運會、足球或選舉。

　　哥雅的畫表現出兩個上身赤膊的對手正在決鬥。誰會贏？我說的癮君子急切地問。當黑格爾讓主人與奴隸相爭，他很快就告知我們決鬥的結局：奴隸成為主人的主人。但我會說，這位與世界脫節的哲學家忘了說清楚這場衝突發生的地點：是在巴黎格列夫廣場上[21]、在林間隙地、還是在相撲土俵圈中？根植於他原本的繪畫表現手法，哥雅的表現方式更為寫實，他描繪出發生地點：拳擊手雙腳陷在流動的沙地中。每接一拳都讓好鬥者往沙裡陷下。依序是

21　格列夫廣場（la place de Grève）位於巴黎市政廳前，從中世紀以來，此處是巴黎大部分死刑的行刑地點。一八〇三年改名為市政廳廣場（Place de l'Hôtel-de-Ville），沿用至今。

膝蓋、大腿、臀部、肩膀……然後嘴巴，可真是有苦難言，一邊埋入沙中，一邊企圖呼救……當然，沒有任何人能從深陷其中的這種又硬又密的堅實中脫困。

兩方戲局（jeu à deux）令群眾血脈賁張，是人與人之間的對決，無論是<u>主人</u>對抗<u>奴隸</u>、左派反右派、共和黨人反對民主黨人、某種意識形態對抗另一種、綠衫軍對抗藍衫軍……。當第三方上場，兩方戲局在某種程度上便消失了。不得了的第三方！就是<u>世界</u>本身。在這幅畫中，流沙是第三方。在明天，氣候是第三方。水、空氣、火、土、植物及動物、所有的物種……這個既古老又嶄新的國度，無生命的及有生命的，我稱它作「生地」（Biogée）[22]。

兩方戲局結束，三方戲局開始。這就是當代的整體狀態。

考慮到這個新的第三方，我們便必得從狹隘的政治（le politique strict）[23] 中進行一種奇特的脫離，我要說的是從倨

22　Biogée 為塞荷所創造的新字，在二○一○出版的《生地》（Biogée）一書中，他解釋道：Bio 指生命（la vie）、Gée 指地球，透過這個新字生命與地球二者緊密連結：「生命居住在地球上，地球與生命交織在一起。」

23　塞荷此處用的是陽性的「政治」（le politique），以區別於一般常見的陰性用法（la politique），在當代法國政治哲學的傳統中，當兩者被區別強調時，可簡單將 le politique 理解為關於政治相關原則之思考與目標，而 la politique 則指涉執行政治功能的相關建構之整體。

限在人與人之間的關係中、從包含著我們在城市中所有關係的市民身分（citoyenneté）中脫離出來。我們意識到，從遙不可及的遠古時代以來，我們只投入兩方戲局：我們所考量的只有人。我們相信在工會與政府之間、在國際會議中各謀己利的政府之間，透過一次又一次的談判，這些永恆的一對一對決便可以或將會解決那些自外於這些論辯的問題，諸如汙染的空氣、水、海洋巨大的生命力、火及能量、物種之驟然消失等。我們信賴古老的政治，其基本特性就是兩方戲局：兩人角力，人對抗人。未久前，它被稱為辯證的，甚至被視為歷史的動力！

因此，缺席的或毋寧說只是做為這些談判藉口的空氣依然繼續受到污染，海洋生物面臨浩劫，物種死亡……在這樣的情況下，誰會捍衛這些沉默無語卻養活四分之一窮人的魚呢？空氣和水，既沒嘴巴也沒有舌頭，誰會代表它們發言呢？誰會代表土及火、蜜蜂和牠們授粉的植物呢？對人類自戀習性的決定性一擊：我們必須以第三方的身分將世界納入我們的政治關係中。這個新三方戲局是否會取代早先的三元組，當中任何一方所預設的都是兩方戲局？

生地

　　因此，誰具有膽識建立起一個與世界相稱的制度，當中「生地」透過其代表總算有機會發言，而不再是那些兩方戲局在其中徒勞地持續著並依然無視於世界或對其有害的國際制度？在最近的一本著作中，我稱它為 WAFEL[24]，包含四元素的英文縮寫及生命。這次齊聚一堂的，不是我們老是看到的各國議員，而是水、氣、火、土及生物的直接代表，簡而言之它們所直接代表的就是「生地」，它指生命及地球。

　　我們過往始終住在、而今後我們重新住在這個既古老又嶄新的人類的家。是的，我們曾經以植物及動物、岩石、海洋和山脈為伴而活，既無疆界也無海關。以同樣的方式，昔日，拉丁文的家庭概念裡包含了母親與父親、表姊妹及兄弟、農業工具、犁頭（socs）、軛和步犁（araires）、以及農場動物如牛、豬及一窩卵，這個家並沒有將人與其世界隔開。

　　在「生地」裡也沒有。因此，我們始終居住在此，在

24　即由塞荷所說的水（water）、氣（air）、火（fire）、土（earth）及生物（living）等五個詞的首字母縮寫。

歷史開始以前、在戰爭及仇恨、文化及語言把我們分開之前。在歷經一段時間的遺忘之後，我們今日重新擁抱了它。浪蕩之子的我們回家了。或者，毋寧說是這次輪到「生地」凌駕在我們的遺忘及忘恩負義之上，促使我們遺忘千百個讓我們分隔開的網絡。

這個既奇怪又熟悉、既古老又真實的國度，這個讓包含人在內的萬物誕生其中、讓事物出沒的既嶄新又古老的國度，在它的上頭，那些由人類所建立、稍縱即逝的國家用一時的疆界劃分著，讓我們彼此成為異邦人，然而水和空氣可不知有牆……，若我們向組織著人類不同領域、由索倫[25]或盧梭這樣出名的立法者所制定出來的法（lois）借用名稱，我們可以說一些法掌管著它。「生地」的立法者是牛頓、龐加萊[26]、達爾文或巴斯德（Pasteur）。

對這些學者很熟悉，但對今日的許多人而言卻經常是陌生的，這個國度仍然沒有受到法律及政治的保障，也從未任命過部長或大使。我的三本著作《自然契約》、《私有的惡》（Le Mal propre）和《世界大戰》（La Guerre

---

25　索倫（Solon），西元前七～六世紀的雅典政治家、立法者及詩人。
26　龐加萊（Henri Poincaré, 1854-1912），法國數學家、物理學家、哲學家。

mondiale）[27] 在不久之前試圖奠定一個司法權（juridiction）
開展的基礎：簡短地說，這些書首先倡議擬訂一項預先的
公約（pacte），終止目前對於世界之物充滿爭戰的剝削暴
力，然後奠定一種共同的善（un bien commun），以抗衡
要為汙染負責、建立在私有財基礎上的行徑（conduites de
propriété）。因為一個社會的建立，甚至一個家庭，都必須
從法律的確立開始。更進一步，沒有語言，就沒有法律。

在「生地」中，人和世界共生共存（en symbiose），
我們不僅講一種普遍語言（langue universelle），即剛提過
的法的語言，也就是數學，而且「生地」中還使用了不同
的碼（codes），包含人在內的一切事物皆然，編碼和被
編碼（codantes et codées）。因為包括無生物、生物及人
類，我們全都發出、接收、儲存和處理訊息。這四個規則
（règles）也具有普遍性，涵蓋了人類的語言、以及生物
與無生物的碼。這個操作或行動正方形（carré d'opérations
ou d'actions）在「生地」中處處可見。如同法，這些碼
被賦予了如民法（le code civil）或拿破崙法典（le code de
Napoléon）相同的名字。我們再回過頭來談權利。

27　三本塞荷著作，其中《自然契約》出版於一九九〇年、《私有的惡》及《世界大戰》
均出版於二〇〇八年。《私有的惡》已有中譯本，書名訂為《失控的佔有慾：人類
為什麼汙染世界？》（群學出版，2015 年）。

　　藉著這種自然碼和文化碼之間幾乎前所未有的短路，我所說的「生地」對所謂的全球化提出了一個不同的理解。的確，全球化源自我們的移動性、人與貨品遠距且迅速的運輸。但是，設若侷限於此，它所流露出的依舊是我們頑強的自戀和著眼於短期的近視。因為打從我們出現在地球，我們便開始全球化，離開非洲，跑遍歐亞大陸，航海至澳洲或沿著落磯山脈和安第斯山脈往南而行。很快地，我們就開啟了蔬果的運輸線、印加人的道路、絲路及香料之路。我們也在帳篷裡及船舶上攜帶了我們偏愛的動物及一些偷渡客：老鼠、跳蚤、致命的細菌及病毒。今日，所涉及的不再是那種歷時數千載、只不過是現在加上最新技術而持續成長的擴張方式。我們所談的是那種跟智人的出現一樣悠久的全球化。

　　新的全球化要求面對著世界來思考、行動及生活。本書第一部分所描繪的「化成之人」在全球化的同時也形塑著全球，面對著世界的力量，建構著他的力量。生活在人類世時代、做為共生者（symbiote）及「生地」的居民，「化成之人」與「生地」協商，據此將發明一些尚不存在的法，其精神及效力將是介於索倫與牛頓之間、愛因斯坦

與孟德斯鳩之間、在自然法則與城邦法則之間、在主宰生命的碼和主導我們行為的碼之間。我相信哲學始終在尋找基址（site），據之我們可以理解何以法及碼這兩個相同的字對人類及事物皆成立。這個基址就在這裡。

　　拜它自己的編碼方式之賜，「生地」可以為自己發言嗎？它如何展開、如何能夠展開與我們的協商呢？它能夠成為權利之主體（sujet de droit）嗎？

世界之言或地球上的第三次革命

　　一場權利的辯論，人們說，對伽利略的審判宣告了從古典時代以來發生在學者與社會之間最早的緊張關係：上演的依舊是相同的兩方戲局。我在這裡簡短地講一下經過。在研究裡頭，伽利略實際上運用了一種代數語言表達出一個世界事件（événement du monde）。教會傳統則持一個全然不同的語言，它是宗教、神話或神學的語言，端看個人怎麼看。如果當時教會對伽利略給予了譴責，當中卻並無任何人為此付出生命。抱著看戲的心態，歷史及意識形態受到一場針鋒相對及悲壯的辯論所吸引，只記得當中的爭論，卻忘記了爭論的對象：某個物體的墜落。在當

時，並沒有人因為伽利略所觀察到或理解到這個現象而審判他。關鍵在於說明的語言，是代數的語言還是神聖的語言。這裡依舊是兩方戲局。

　　情況恰好相反，在那些我們習於讚歎其智慧的古希臘人當中，在伽利略之前，早有許多審判的例子，那些年代早於蘇格拉底、當時已被稱作自然科學家（physiciens）的人，直接受到掌權者以耽溺於世界之事、忘卻城邦要務的理由而加以譴責，有人因而被判死。這不是論述間的針鋒相對，而是譴責從事觀察這個狀態本身。你總是仰著頭，望著遙遠的星斗，卻跌落在眼前的井中，即使在女僕的眼中，你也淪為笑柄[28]；身為公民卻不履行職責；怠忽了承擔（engagement）的市民倫理。無承擔者死！

　　因此，古希臘人雖然是科學的奠基者，卻把世界變成緘默的遺忘及背叛之地，即流放之城郊。至今依然如此。實際上，世界各地舉辦的研討會最常要我談的不就是科學與社會的關係，因此談的就是一些人跟另一些人之間的一般關係、他們之間所持的各式各樣的論述，所以不也還是把我侷限在城市的事務上嗎？是的，只談承擔，不談世界，

28　源自柏拉圖在《泰阿泰德》中所講述的一段關於西元前七～六世紀哲人泰勒斯（Thalès de Milet）的軼事。

第三方依舊被排除在外。

　　我們正在從寬容的伽利略時代，兩種論述至少言之有物（choses）的時代，倒退到殘酷以待的古代，把世界排除在外。

　　科學，至少是硬科學（sciences dures），關注世界之物，至於社會，則是處理社會。因此，我也可以一遂名流所願，沉湎於處理科學－社會引人矚目的兩方戲局中一些到處可見、為人所知的形態，例如：再論學者與軍人之間的緊張關係；存在於生物學家或醫生與法學家或宗教人士間的衝突；對於創造論（le créationnisme）展開嚴詞抨擊；唱嘆媒體上科學專欄之闕如；重申設置道德委員會之必要；為車諾比核事故哀悼；重複輿論中關於電波甚囂塵上的謠言；引述「志願割草者」的話[29]；譴責孟山都及該公司對物種及生產所採取的掠奪式的犯罪手法[30]；提到代理孕母所遭逢的不幸……盡是些時事啊！

　　從一九六〇年代以來，在長達半個世紀並且常孤軍奮戰的工作中，我持續投身於這些道德、權利及政治的問題

29　「志願割草者」（Faucheurs volontaires d'OGM）是一個法國反基因改造農業的社會運動團體，成立於二〇〇三年。

30　孟山都公司（Monsanto Company）是一家總部設於美國密蘇里州的跨國農業化學及農業生物科技公司，以農藥生產及基因改造作物開發而著名。

上。我對它們的關注有時還引起學界人士的強烈批評。所以，我也可以因為好玩及為了某個樂此不疲的興致而一談再談這些針鋒相對的辯論，它們所激起的電光火石及嘈雜喧囂正是當今檯面上備受歡迎的內容，因為在表演舞台上兩方戲局總是不嫌多。

科學講的是世界之物，而社會談的是社會；管理者及政治人物關切的是城市，而不是世界之物。在許多人眼裡，一份巴黎知名報紙的刊名[31]意味著人類的世俗性的世界（le monde mondain），而不是世界之物的世界性的世界（le monde mondial des choses du monde）。因為不同的國家都有著整個國家變成擴大的城市（villes généralisées）的發展趨勢，從現在開始，在社會中還有誰會注意著世界之物呢？因為在情況與法國相似的國家裡，農民佔總人口的比例降低，在幾十年間，從百分之五十下降到百分之二，誰還在已成沙漠的田裡工作呢？如果不是城市有錢人到鄉下度假、徜徉在田園風光的享受中，誰還會住在鄉間呢？因為哲學家、知識分子、政治家、記者，總之就是那些佔據圖像及話語發送位置而有份量的人，他們自年輕時代起，

---

31 指法國的《世界報》（Le Monde）。

即滋長於人文及社會科學中，並別無其他，現在誰還能朝向述說著世界之物的科學敞開其胸懷呢？在我出版《自然契約》的那個年代，距今遠矣，當我要求這些善辯好鬥者能讓自己身上的物理學家成分更多一點時，我還惹惱了他們或招來嘲笑呢！我們都像無宇宙論者（acosmistes）[32] 一樣地活著及思考著。

現在，最新的情況出現了。當從希臘人及伽利略以來，關注世界之物的科學在分科上日益複雜，晚近的情況則是所有的學科一起，以共同的聲音、以更具體的方式、更緊密的關聯、以及以更接近細節及貼近關係的方式，它們開始訴說著世界，地球不再如同某些局部的事物（choses locales），而是作為一個總體的夥伴（un partenaire global）。世界訴說著，它們也訴說著。情況彷彿就像學者們開始解讀「生地之言」（le dit de la Biogée）。

通過各門科學（sciences）持續推展的整合，科學（la science）發現並發明了世界，從它深處傳出的嘈雜聲向社會傳遞了一個緊急訊息。如何聽到這個新夥伴的聲音，這艘我們在時間的悠遠處搭上的古船，我們祖先及我們後代

32　無宇宙論（acosmisme）否認宇宙的實在，即否定存在著一個有其自身實在性的世界，視之為虛幻的。

的家？透過太空人所拍攝的畫面，我們才首度一窺地球全景：對人類而言，一則奇特又強大的消息。我方才已經說過它的變化、以及這些變化的力量及威力，告知我們當中所包含的威脅。我們聽到它的種種聲音（ses voix）還是它的聲音本身（sa Voix）？

　　我試著提出假設，認為我們西方文化及歷史逐步從對世界日益加重的漠視中誕生。我們投注了我們的一生、貢獻了我們的思想在脫離「生地」。即便是我們的科學，它們也藉由將「生地」客觀化而將之置於遠處。世界上所有的文化都重視世界，毫無疑問地只有我們的文化並非如此，它運用了一種完全建立在所謂的人性上的現代自然法（droit naturel moderne）取代了古代自然法。在耶穌誕生之際，環地中海地區，一個神秘聲音竊竊私語地說大潘神（Le Grand Pan）[33] 死了。實在是理性的（Le réel est rationnel）：對著前者耳聾，我們只聽到後者。城在牆內（intra muros），侷限在人類本身的社會，立於鄉村之外、粗野之外、硬科學之外、在世界之外。只考慮主體，無論

33　潘（Pan）是希臘神話中的自然之神。基督宗教興起之初，宣教者以「大潘神死了！」宣告舊宗教以及代表自然之神的終結。

是集體的或個人的，自成一格，孤芳自賞。

我們「沒有世界的文化」（culture sans monde）突然之間重新發現了世界，並且是以整體的方式（en totalité），這跟其他文化的情況完全不同，也跟過往及不久之前僅限科學中某些領域或某部分的情況完全不同。過往，我們的聲音蓋過了世界。如今，世界發出了它的聲音。讓我們洗耳恭聽。

冰融化、水位上升、颶風、傳染性大流行病，「生地」開始吶喊。實際上，現在這個總體世界（Monde global），儘管像是在我們的腳下沉穩不動，卻突然落在眾女眾男們的頭上，完全出乎他們意料，乃至於他們想知道如何在他們那種沒有世界的社會（société sans monde）中迎接這些轉向世界之物的科學，它們才剛把主宰力量（forces souveraines）加總起來、進行衡量，才剛聽到這整體性的奇特聲音。一片驚慌當中大潘神回來了！

當世界突然落在我們的頭上時，我們才意識到，而我希望為時還不算太晚，一種改弦易轍及讓所有亟待解決的問題改觀的新三方戲局，取代了我們過去經常付出代價、引發戰爭、並也總是作為研討會主題及最佳劇本的兩方戲

局。

新的三角命名為「科學－社會－生地」（Sciences-Société-Biogée）。嶄新而真正的三方戲局：經常處於衝突之中的兩類人，再加上「生地」，而「生地」當中又包含了我們。所以，這裡是三種關係、而不是一種而已；這裡是一個三角的面，而不是單一的一條線。當我們過往將「生地」排除在外，因而今日重新找回的「生地」中既無女人亦無男人；然而，「生地」從三角的另一個頂點上，對著我們作用及反應，如同第一動因（premier moteur）。現在，這個新三角的頂點對著其他的頂點作用及反應，因此也對著我們作用及反應。

我們能發出從這個頂點而來的聲音嗎？

整合了它們的差異，各門科學從今以後說著世界之言（le dit du Monde）；社會總是只關切自己，無暇他顧。此刻，社會產生世界之物，並回過頭來承受到落在頭上的全面影響，它的咆哮一點一點地掩蓋過了城市鬧區震耳欲聾的喧囂及政治－媒體馬戲轟隆隆的嘈雜聲，誰將以這位瘖啞者的名義對社會說話？

例如，我們的國際機構（institutions internationales）其

名符其實：事實上，其間所牽涉的是國家（nations），因而是純屬人類方面、發生在社會之間並經常充滿爭議的關係。因此，它總是與兩方戲局有關；一些人站一邊反對著站在另一邊的另一些人。我曾以捕魚為例，每一方為了其利益都尋求越來越多的漁獲。因為沒有一方代表瘖啞無聲的魚，其物種在空蕩蕩的海洋中垂死掙扎，而世界上大多數的窮人是以魚類為生的。在這些機構中，公務員捍衛各自政府的利益，不是世界的利益。所有兩方戲局都排除這第三方。是的，在我們過時的政策中，世界仍然是受到排除的第三方。

難道你不雙目噙著淚水、恥笑世界各國政府盡派些政治人物來擔任處理氣候、極地或海洋等諸如此類問題的大使，他們絲毫不談及那些碼，而那些正確評估種種威脅的冰川學家、地球物理學家或海洋學家卻瘖啞無聲？

我不久前提議設立一個不是國際性而是世界性的機構，其中空氣和水、能源和土地、物種，總之「生地」將受到代表。WAFEL 將成為「生地」的議會（le parlement de la Biogée）。但在這個瘖啞者的會議中，由誰發言呢？最好趕快討論決定（這方面我留待後文來處理），但切莫重蹈前述的覆轍。無論如何，絕對不能是現行那些政治人物的

思維，其過時性從他們對世界之言和世界之物的無知上可見一斑。我們仍繼續奉行的這一套政治會自外於這個三方戲局，我這麼說很放肆嗎？它的過時正來自這樣的缺席。

革命：「生地」－主體（la Biogée-sujet）。實際上，新的三方戲局需要一些完全有別於政治安排方式的方式。說明如下：一旦世界以一種全球客體（objet）的姿態展現出來，相對於它，它便創造出一種新的全球主體（sujet global）、一個新的社會：全部人類。今日在我看來，所謂的全球化其得自於世界的程度至少跟得自於我們的程度一樣多。對我們西方人而言，這可真讓人驚訝：新的全球客體運作得像一個主體。以前是被動的客體，它如今成為具有決定能力的因素。我們從侷限在我們的科學與我們的社會之間自戀關係所引發的兩方戲局中脫身，投入新的三方遊戲，其中世界扮演優先的作用，比我們更強。而且，它真實得如同一個主體。在幾十年間，過去被動的客體變得主動起來。正如我們所見，歷史悠久的人類主體開始依賴於也正是依賴著他的東西。對於研究知識及行動的哲學家而言，這是何等嶄新的情況啊！此處，我們接近本書開頭所說的構造板塊。

科學把世界作為它們的客體。在中世紀，再也沒有什麼事情比發明出知識兩極的構想更具決斷性的了：主體－客體（sujet-objet），這個古人所不知的範疇（instances）。經由另一種遺忘地球的方式，康德把地球做成任何可能客體的隱喻或象徵。在他的定奪下，客體如同地球繞著太陽般地圍繞著主體；當然，我們照亮了地球－客體（la Terre-objet），就宛如我們產生了像太陽－主體（le Soleil-sujet）一樣強的亮光；那麼，認識主體（le sujet connaissant）變成怎樣的太陽王（roi-Soleil）呢？答案就是自我（Ego）。真是極度的自戀啊！在所謂托勒密革命的第一次革命中，主體圍繞著客體，就如同過去人們認為是太陽繞著地球轉。正是康德，他稱這翻轉了第一次革命的第二次革命為哥白尼式的革命。

我們正進入第三次革命，如同本節小標題所言，我們現在來談。

在一些鮮少被人閱讀並因他在其中大談宗教而被鄙夷的文本中，年邁的奧古斯特・孔德（Auguste Comte）曾把地球稱做偉大的神物（le Grand Fétiche）。如何定義神物？就像一個神，這是當然的，它通常有兩個身體，如有女人頭及獅身的斯芬克司、或頂著豺狼頭的男身，模樣肯定嚇

人，但有時會應我們的乞求而伸出援手。我們的祖先不可能不知道這尊神像出自一位木匠或大理石雕塑師傅之手，但他們仍舊崇拜著它。可真是傻瓜，他們搞混了一塊粘土作的客體與一個思想性或意圖性的主體！可真愚蠢！

　　我們的祖先可沒有那麼愚蠢，要不就是我們也一樣傻。看看這個世界。在當今的狀態人類世中，我們不可能不知悉這世界如同一個客體，受到我們的人口、受到我們對它的佔有、自私的惡、受到我們的耕作及畜牧方式、受到我們的技術（其若干尺度已經觸及跟它一樣的尺度）、以及受到立基於我們理論而來的實踐等方面的捏塑。而我們現在突然間被世界所驚嚇，因為世界變成主體，落在我們頭上！成了仙子（Fée）[34]，這神物令我們感到害怕，然而它卻是部分出自我們手中。在這裡，我看到的是稍早所做所為的結果：沒錯，我們今日依賴著那個昨日完全依賴於我們的東西。就像市場或金融方面的先例，世界也會將我們推入一個神物崇拜的時代嗎？附帶一提，我們過往也將金錢視為神物，繼孔德之後，左拉和馬克思也曾經這麼說過，而在我之前，艾爾吉也曾於《破損的耳朵》中談

34　在此處，對人而言，地球歷經了從神物（Fétiche）到仙子（Fée）的轉變，從被視為神的物，到變成作為主體的神仙。

到 [35] ！

　　這位實證主義的創始人還認為拜物教（le fétichisme）只是人類之旅的最初狀態。事實上，根據同樣的預兆，一個由第三次革命所宣告的新時代開始了。人類世一詞的意涵無非是指出：我們不久前還認為我們是世界這個被動客體的主體，無論從個人的角度或集體的角度。現在情況翻轉過來：我們成為「生地」這個新主體的客體。這就是為什麼我給它取了一個新的名字。我說過，它今日所受到的注意幾乎和社會馬戲（le cirque social）一樣地多。更重要的是，我們一方面繼續作為我們知識及實踐的主動性主體，但另一方面也成為世界變遷的被動性客體，因此我們具有雙重的性質，現在我們與一個跟我們一樣是二分的（dédoublé）世界維持著一種新的關係，因為作為我們改造的被動性客體，世界也成為影響我們命運的主動性主體。這項新關係就如同主動及被動關係再透過反饋而交叉成互為主客的雙重連結（double lien croisé en feedback）：我們作為主體，使世界客體化；世界同樣作為主體，將我們客體化；過往，世界被丟在我們雙腳下，作為主體，它落在

35　艾爾吉（Hergé），本名喬治・荷米亞（Georges Remia, 1907-1983），比利時漫畫家，「丁丁歷險記」系列作者，《破損的耳朵》（L'Oreille cassée）出版於一九三七年。

我們的頭上，一個了不起的剩餘現實（réalité résiduelle），它讓我們活著、超越我們並可消滅我們。正如我們需要找到另一個字來表達「政治」一樣，我們需要塑造出其他兩個字取代「主體－客體」，以描述知識、行為和權利等面向上這種主體／客體間的雙重交叉連結狀態。這將既不是托勒密式的、也不是哥白尼式的（據我所知，我們的天體物理學也認為實際的情況非此非彼！）或兩者皆是，無論如何，事物的這種嶄新狀態引領著我們的未來。

目前的危機來自於我們那些沒有世界的文化及政治正在消亡。我們歷史的一個巨大的時期正在結束；更要緊的是，「人之化成」的時代開始了。對於跟「生地」這個新夥伴的對話，我們的過去可以給予的幫助很有限，這個新夥伴的內在性質（immanence）決定了一種新的科學、一些新的行為及另一種社會。我們面臨的所有變動的根本原因在此。

還剩下的事情是去聽它說什麼，也就是我方才以世界上最笨拙的方式所做的；我將努力以更巧妙的方式來表達我的看法。

第三章

知識及行為

科學的未來

　　我現在回到稍早提到的問題：誰將代表「生地」發言呢？是那些認識它並為它投注其生命的人。

　　我回到三項功能。今天的權力會擺脫教士、戰士及富有的生產者這種古老的三元組嗎？在這種情況下，誰將取代自新石器時代以來輪流統治、偶爾合作統治印歐地區的三個貴族團體？因為看不清楚裂痕開口的後端，我不知道如何回答這個問題。

　　不過，我在此提出另一個假設，儘管我對它的掌握跟對前一項假設的掌握一樣少。本文開頭談到六項重大的改

變，當時我沒有指出它們無一例外都來自科學研究及其應
用：農學、醫學、藥學、生化、核物理、生命及地球科學……
科學家已經展示出改變世界面貌及人類家園的力量。要讓
這些科學成果付諸實現，需要後繼有人、需要政治或經濟
方面的條件，這點無人可否認，無論如何，最初的啟動無
疑是來自發明者，當然，我會說，其結果會作用在原因上。
沒有科學家的發現，當代根本無從產生。

此外，與工業和金融機構不同，只有科學才具有洞見
及長期的關注，而且只有長期的，有時甚至是非常長期的，
能促使我們認識當代，幫助我們進行預測。我希望本書能
夠證明這一點。

最後，我請你給我一個例子，無論是今天所面臨的重
大問題、方案、還是或遲或速將至的隱憂，它無涉於知識？
我們可以發展一項計畫而知識卻不在其中嗎？所有那些能
夠從貧困中脫身的新興國家都是那些廿年前在培訓、研究
及教育方面遵循大膽政策的國家。

所以我再問一次：誰會為「生地」發言呢？學者們。
我不要求他們取得權力，這權力不幸地危險地落在一種無
人繼承的狀態，今日任何人都可以撿拾起來；但我要求他
們以事物之名發言，發事物本身之言，以 WAFEL 的立場

發言。願他們說出共同之善，以對抗那些佔據著古老三元組的人所把持的私有的惡。願他們定義了以重建為導向的新工作。願他們根據「生地」自己的碼，傳達「生地」的法。

　　在啟蒙時代，他們告別了朱庇特。今日，他們有可能擺脫軍－工複合體（complexe militaro-industriel），並且切斷與那些破壞世界、導致人類饑荒的經濟部門的所有關係嗎？在這個新目光下，我將在後文中闡述兩項科學家誓言。

　　學者們，沒錯，但是哪些學者呢？我在此提出說明。科學的整體總是擁有一個中心。從這個更密集、更有吸引力、並且有能力招募人才的地方出發，從這個胚芽或種子出發，知識全面地展開，圍繞著它還聚集了相關的技術、政策、意見或意識形態、甚至受到群眾的擁戴。這個密集的地方可能成為開枝散葉成長的原因，或是相反地成為這些具體實踐或抽象夢想、手工行業或意識形態的結果，沒有人可以決定影響的方向，因為在這裡如同在通常的情況裡，因與果兩方面會相互作用及相互加強。這是一個自足的循環：沒有當代，也不會有科學。

　　但在歷史上，這個中心會位移。

　　在知識發端的時候，嚴謹的知識以希臘人所說的 *logos*

為中心，至少在這裡，它既不通過論述（discours）也不通過話語（parole）表達，而是以獨創方式表示著 a／b＝b／c 當中一個比（proportions）以及它們的相等。從這個發軔時期開始，我們便用某某學（x-logie）這個名字來稱呼我們的大部分科學，無論是精確科學或軟科學：宇宙學、生物學……社會學。

　　圍繞當時拉丁人透過 *ratio*（比率）所要表達的內容及我們後來透過 raison（理性）所要表達的內容[36]，有著幾何定理，其中最著名的泰勒斯定理（théorème de Thalès）將各種大小用相同形式串起；此外還包含了算術的形式運算、最長又最複雜的證明、初等代數、專門用來減輕人類體力勞動的簡單機器的建構、一些關於社會正義或分配正義的推理。最後，在聖約翰（Saint Jean）那兒，人與基督的關係關連上聖子與聖父的關係。度量、勞動、權利、經濟、宗教。簡單說，就是其最初的核心。

　　第二幕：從伽利略到奧古斯特・孔德，發揮聯合力量的地方圍繞在力學上。按照笛卡爾的說法，科學描述的是形狀和運動；萊布尼茲（Leibniz）發明了力，帕斯卡（Pascal）

36　理性（raison）一詞源自拉丁文的比率（ratio），原意指涉一種立基於計算的思維方式。

發明了力矩（moments）和力偶（couples），他們兩位都發展了計算機。在阿基米德和達朗貝爾（d'Alembert）[37]之後，流體力學蓬勃發展。牛頓的天文學稱為天體力學。生命則被化約成一具動物－機器（animal-machine）。

　　圍繞著力學所發展出的技術包括：運河開鑿、風力及水力磨坊、結合橫向擺動（roulis）的船舶、船上絞盤、起重機、港口碼頭上的起重滑車和滑車組（polispasts），所有槓桿都能夠增加人、牛和馬的肌肉力量。拉格朗日（Lagrange）[38]再為這一階段的發展加冕上了他的《分析力學》（Mécanique analytique），更接近我們的時代則增加了廣義相對論和量子力學。

　　在力學當盛時期，在邁向當代之前，發動機之火燃起，成為二者間的過渡時期；工業革命確實讓分子冒出頭來，但卡諾（Carnot）[39]仍然認為他的兩個活水源頭都來自流體力學，傅立葉（Fourier）[40]努力成為熱學上的牛頓。熱力學在知識上扮演著樞紐的角色，很快套上統計概念，並最終

37　達朗貝爾（Jean le Rond d'Alembert, 1717-1783），法國數學家、物理學家、思想家、百科全書派主要人物。

38　拉格朗日（Joseph-Louis Lagrange, 1736-1813），歸化法國的義大利裔數學家、力學家、天文學家。

39　尼古拉・卡諾（Nicolas Carnot, 1796-1832），法國物理學家、工程師。

40　傅立葉（Joseph Fourier, 1768-1830），法國數學家、物理學家。

轉向資訊理論。

第三幕：從邁爾（Mayer）[41] 到迪拉克（Dirac）[42]，從波茲曼（Boltzmann）[43] 到華生（Watson）[44]，從熱力學革命到化學及電子學，再到最近的基因工程，知識的中心朝向如分子、原子、粒子……等基本粒子的大群體（grandes populations de l'élémentaire）移動，自此以後所有機器從火，它們使用蒸汽、煤油、電力、核能……或資訊能（énergie informationnelle）。

三種狀態：數學的 *logos*；機械力；大數數學（mathématique des grands nombres），粒子物理學及粒子化學，總之回到元素上。

第四部分：形成了一個新的聯合中心，將這些學科框在其中：生命及地球科學（Sciences de la Vie et de la Terre）從此接棒。我還沒有看到從中浮現出一個特定名字、足以代表它們並稱霸其中；不再是主宰的男性，而是民主平等萬歲！

41　邁爾（Julius Robert von Mayer, 1814-1878），德國物理學家、醫生。.

42　迪拉克（Paul Dirac, 1902-1984），英國理論物理學家，量子力學奠基者之一。

43　路德維希・波茲曼（Ludwig Eduard Boltzmann, 1844-1906），奧地利物理學家、哲學家。

44　華生（Watson）是由 IBM 公司開發設計的一套人工智慧系統，能夠回答使用自然語言所做的提問，並以公司創始人托馬斯・華生（Thomas J. Watson）名字來命名。

　　生命及地球科學（SciViTe）說著「生地」自己的語言。今日，這些學科們正在重新發明一個多學科性（pluridisciplinarité），圍繞著它們而聯合起來，這個聯合關係能夠走向一個足以激勵所有人的教誨，從而喚起另一個社會。因此，讓我們發明另一個字來說政治：讓我們成為「科民」（scivites）而不是公民（civiques）。在世界的壓力下，某個文化我稱為通文化（culture générique），將成為人類的文化。「生地」確實包括世界和人類，它們是這門科學的共同主體及客體，並透過另一種共同語言、以WAFEL 來表達它們的共同關注點。更重要的是，我們將通過我們與世界之間開展出的關係來改善人類之間的關係。

　　如此，這個吸引中心歷經第四度轉移，它從近處或遠處以一種多學科的方式招集了整個科學，向所有其他領域傳輸其概念、活力及色彩，同時也激發出技術及產業、意見及意識形態。希望它不僅是原因，而且透過反饋，它也受到結果所影響，而成為這些結果的結果（l'effet de ces effets），這也是可能的，但其實又有什麼要緊呢，因為一切都在這個迴圈狀態之中、圍繞著它、以一種循環的方式作用著。我認為重要的是它的密度。

　　生地科學（sciences de la Biogée），也就是生命及地球

科學，位居這套知識的新重心並同時將其特性清楚地展現出來，這個重心今日所對應的更是作為一個整體的知識而不是這個或那個特定知識；比較不是科學的單一認識論，而更是認知本身、一般的知識活動。這些科學告訴我們，世界以我們對待它的方式對待我們。

　　要對此有所理解，讓我們從中世紀出發，因為正如我所說過的，這個時期創造出認識的主體（也就是具主動性的我們）以及世界的客體（其性質是中立與被動的）之間的二分。隨之而來的對事物的主宰已經蘊藏在這種不對稱的組合當中，其格式效力強大，瞬即改變了西方的命運。抽象本身發生了變化，它所涉及的不再是數學的觀念性（l'idéalité mathématique），而是我們自己從世界中抽取出來的事實，我們從世界中抽象出來。整個世界圍繞著我們，這些講求效用的小太陽及自戀者。

　　於是，所有的事物變得可知，有時已知，總是受到化約，總是有所距離，它們都成了我們的財產。從文藝復興時期開始，西方文化（主客組合的孕育者）、因此還有相應的技術和相關的政治意識形態方面的進展或所謂的進步，呈現出一種突飛猛進的樣態。我們不再認為自己跟其他的事物一樣也是世界之物，而我們能思想及實踐的生命，

自外於自然法則，不同於其他存在者（existants）的存在，它們臣服於這些法則，也就是說我們的法則。我們是客體的「主體—太陽王」。

基於這種組合的不對稱性而產生的巨大優點、距離及落差即將告終，因為它們轉成災難。我們招致空氣、海洋、氣候及物種等世界之物的報復，它們並非如我們想像的那麼被動，並非如我們想要的那麼客觀，並非如我們夢想的那麼如奴隸一般。不穩定的情勢可能產生逆轉。古老的奴隸可以在短時間內成為主人的主人，另一場非常危險的兩方戲局。

因此，我們必須從今天實現一項新的「去組合」（découplage）工作，由生命及地球科學所教導的去組合。這些科學說，我們就是與地球相連、受到地球法則及生命法則所限定甚至決定的生物。

我們的王國正岌岌可危。我們必須分享它。我們會成為民主派嗎？我甚至相信，面對著世界之物多種、分散的聲音，我們古老的理性語言，儘管如此地具有主宰性，也岌岌可危。我們會變得實在（réalistes）嗎？我甚至看到大眾對於這種知識的歡迎，它更近、更具體、更有血有肉、同樣也更謙虛。我們最終會分享原本握在菁英手中的專業

知識嗎？

四項操作的普遍性

不對稱的主客組合歷史悠久而且非常堅硬（*dur*），如何能被拆解呢？這要藉由這些相同的科學所告訴我們的第二個證據：地球的和生命的事物說，它們跟我們一樣受到編碼，它們知道並且能夠接收訊息、發出訊息、儲存訊息、處理訊息。關於這四項操作，我在前面已經提過好幾次，在此重提是因為對我而言今日再也沒有比去思索它們柔軟的（*doux*）特性更為重要的事情了，這四項操作點明了一切的世界之物的特性，毫無例外，也包含我們。這四重應用既不將我們表現為主體，也不將其他事物指定為客體。就像我們溝通、聽與說、寫與讀，無生物如同生物也發出及接收訊息、儲存及處理訊息。我們終於平等了。不對稱並寄生的（parasite）[45]，這套由來已久的主體－客體二分方式不復存焉；所有的主體成為客體；所有的客體成為主體。

一切的知識都改觀，實踐、勞動及行為也都如此。

45　《寄生》（Le Parasite）是塞荷的一本著作，出版於一九八〇年。當中，他提到寄生是一種單向的關係，一方只取不拿、另一方只拿不取，或許可以暫且從這個角度理解此處的用意。

倫理

　　還有奠定這一切的倫理。至少在西方，我們曾經習於把他者（l'autre）視為競爭者、對手、甚至是敵人。我們過去說，他人即地獄[46]。這種辯證主導了我們的意識形態、我們的日常行為、我們的認識方式。這個他者就是說著另一種語言或者生活上依循著其他風俗的人，有時或許就是我們的兄弟。在這方面，民族學及科學（在此指真正人文的）慢慢地教導我們，因紐特人（Inuit）[47]或原住民與我們之間有著更多的相似而非差異。更好的是，這種差異甚至豐富了我們。

　　但是，我們過往停留在舊的意識形態裡，它完全以人類本身為中心，完全建立在人類之上，至少在理論上是如此。另一個不會講人類語言，我說的是「生地」，包含一切的無生物及生物，我們認為它們充其量只是客體，最糟糕的是視之為敵人，是的，視之為他者，十分貼切。我們跟「生地」的關係，在我看來實際上就是一場世界大戰。勝者、敗者：我們不知道誰會贏，唯獨我們已經知道，即使我們贏了，我們也會被擊敗。

46　「他人即地獄」（L'enfer, c'est les autres.）出自沙特一九四四年的劇作《無處可逃》（Huis-clos）。

47　美洲原住民之一，分佈於北極圈周圍，屬於愛斯基摩人的一支。

　　如果繼上述這些民族學帶來的美妙教誨之後，現在輪到硬科學來教導我們，它說我們跟所謂的這些他者一樣、也按照這裡多次提到的四項規則來生活、交換及談話的話，那將會發生什麼呢？何等的驚喜！那麼輪到這些硬科學成為某些類型的人文科學嗎？

　　更平衡、更對稱，這種新的知識組合此外依賴著一種更有力、更密實及更受到認可的倫理，無論是在生命及地球科學中或是其他的學科中。

　　毀滅、殺戮、剝削不再具有價值。這遲早會轉過身來毀滅我們。在今日簽署一份自然契約，已經不只是法律及道德的義務，而是在新知識中心這裡並由它所實踐的明確事實。

容易科學與困難科學

　　作為容易科學（sciences faciles）的語言，數學表達並說明了我們幾乎沒有掌握任何訊息的事實，有時甚至是連一點訊息都沒有的事實，這個訊息上的零（zéro）等同於抽象的頂點。資訊學是數學之女或姐妹，它描述了資訊過多、爆滿的事實；我已經提到過各方面都出現爆量的細節。新中心還宣告了我特意稱為困難科學（sciences difficiles）的

出現。容易科學是舊的科學，它們處理事先已經仔細切割好的客體，因此目標限定、僅限局部，可在實驗室中透過可操作的模型進行檢查。理性科學，代價容易。困難科學是新的科學，因為恰恰相反，它們進入了讓「在事物本身的事物」（choses entre elles）與「探討這種事物的科學」（sciences qui parlent des choses entre elles）相遇的具體連結方式的真實情況裡頭。所有作為結果的事物也同時是原因（choses causées causantes），受到編碼的事物同時也編碼（choses codées codantes）。這些科學是困難的，的確如此，但卻也是可以可及的（accessibles），因為詳細、具體、接近及容易受所有人歡迎。

　　在這個新迴圈的影響之下，所有科學或多或少都開始趨近於生態學，這種知識具有錯綜複雜的困難，因為它同時將包含我們在內的所有生物，無論是具有認識能力或是受到認識的，連結上它們的生命所共有的無生物條件，以及所有研究它們的知識，從最抽象的數學到最瑣屑的觀察。生態學不會切割任何東西，它關聯（associer）、結合（allier）、結盟（fédérer）、進入細節並繪製景觀：它的地圖如此貼近景觀，以至於這些地圖與景觀相像。更一般地說，今日的科學詳細描述了世界的景觀（paysages du monde）。

　　多餘的擔憂：有多少所謂的政界的生態主義者知道最起碼真正的生態學？對於如此的擔憂，我不覺莞爾，並建議開辦一些小小的實習活動，蹲在草地上，他們會學會的。

生命及地球科學也涵蓋了人文科學

　　通過向周圍擴散，生命科學和地球科學正追上人文科學並帶動它們的更新。如同其他的人文科學，認知科學也從中受益。

　　總算，我們抵達理性思考的盡頭：從今而後，我們如何能夠思考政治、法律、經濟，甚至如何能夠建構一門社會學，卻不去顧念我們嵌入在「生地」各種要素及生物中的事實？舊的西北航道[48]，我們曾經循著它從硬科學中出走到軟科學中，如今看來反而有如一次收復。人文及社會科學成為生命及地球科學的一個分支，反之亦然。我們居住在「生地」。這個國度的政治現在也收復了我們的政治，反之亦然。

48　「西北航道」（passage du Nord-Ouest）一語關聯著塞荷一九八〇年出版著作《赫耳墨斯（五）西北航道》（Hermès V, Le passage du Nord-ouest），書中提到北極一帶連結大西洋、太平洋的西北航道途經複雜地形，又因冰封時開時闔極不穩定，以此為喻，來探討硬科學、軟科學間的關係。

無論是個體或集體，如果沒有這種在其存在條件（conditions d' existence）中預先的浸沒（immersion prealable），智人既無法去認識也無法被認識；在這些存在條件中，比起運用過時模型的歷史學，生地地理學（la biogéographie）此後更具有決定性。智人不再從「生地」中抽離，「生地」也無法沒有人。我們最美麗女性的 DNA 與構成「寶貝」（porcelaine）這種貝殼模型中秘密及無上色調的 DNA 基因並無二致。反過來說，智人也幾乎參與及投入在「生地」的每一處及整體當中。這種嶄新跨學科性的交叉迴圈（boucles croisées）因此包覆了人，而人又反過來包覆了它。

兩項誓言

我說過最後要擬訂兩項誓言（serments）。

第一項誓言歷史久矣，它出自倫理方面的關切；第二項誓言則是前所未有的，來自於前者。

重提舊誓言的道理：沒有任何的倫理規則知道怎麼事先禁止或能夠事先禁止集體對於真（le vrai）所進行的任何研究；道德性看法總在發明、創新或新發展完成後才提出，

也因此效果不彰。要怎麼做才能讓道德法則在研究開始前、過程中及完成後產生作用呢？

在歷史上，最起碼稱得上是類似問題的情況曾經發生在一位好心腸的希臘醫生身上：希波克拉底[49]。在他的時代，人的一命懸在醫藥上頭，當時醫學上對身體組織已經具備較佳的認識，人們認為這位醫生凡事唯身體是問的態度開始讓醫藥的效果更佳。無論是物理學家、化學家，特別是數學家或天文學家，他們全都埋首於真實的說明或實驗，不曾提出類似的問題。然而，從廣島原爆到代理孕母、從塞維索[50]或車諾比（Tchernobyl）到奈米技術，今日這些問題開始受到普遍的關注。倫理思考進入醫學領域的歷史已逾兩千年，而在過往的六十年間倫理問題也逐步並以不同方式進入我們所有的科學裡頭。

從一個時代到另一個時代，直至今日，每位醫生在其學習結束時仍然進行希波克拉底誓言的宣誓：這是一項獨一無二的證據，證明道德和法律的起點可以歷經世世代代而長久維持著，無論是對過往的世代還是未來的世代而言

49　希波克拉底（Hippocrate），西元前五～四世紀古希臘醫生、哲學家，被譽為醫學之父。

50　塞維索事件（Seveso）為一九七六年發生在義大利北方小鎮塞維索一帶的工業有毒氣體外洩事故。

皆是如此。因此，今天必須重寫一個涵蓋廣及所有科學的誓言，因為所有的學者都面對著前面提過的創造上的重責大任。由於這個誓言先於一切行為，因此它源自每位學者的良心，並避免了上面提到的倫理問題過遲提出的問題。每個人可以自行決定是否進行這項宣誓，誓言如下：

對於操之於我的東西，我發誓：不要把我的知識、我的發明以及我從中得到的應用服務於暴力、毀滅或死亡、悲慘或無知的擴大、奴役或不平等，而相反地將它們奉獻給人類之平等、生存、提升及自由。

在這個知識與倫理間的對抗之外，還有另一個決定性的歷史裂痕。哲學必須重新沉思在科學與權利之間、在共同利益與真理之間非常讓人出乎意料的衝突。

第二項新誓言

讓我們回到三元組。宗教對人進行管理；以捍衛人民為藉口，軍隊統治著他們，並且經常役使他們；最後，經濟開始統治他們的生活，有時甚至是冷酷無情的。這三種權力如果謹守本分、不獨攬所有的位置，則它們仍是有用的（utiles）。它們獨家統治的時代結束了。

今日是誰從它們手中接棒？知識，如今人人輕易可及

的知識，一種人人可及的教育，人人可及的普遍享有。只有知識能夠以人類之名發言，就像早先的三個組織一樣，但知識同時也以世界之物的名義發言，這是直至今日仍舊沒有別的人知道、沒有別的人能夠做的：對世界及人類的生存而言，這都是一項前所未見而不可或缺的重要貢獻。

學者要能夠以「生地」的名義來發言，這便要求他們先進行宣誓，其誓詞可以使他們免於任何對先前三個階級的服膺。為了讓事情可行，學者必須恪遵<u>政教分離（*laïques*），並宣誓不為任何軍事或經濟利益服務。</u>

只有在這種情況下，他們才能代表「生地」以 WAFEL 的立場發言。

危機的出口？

　　但是，要如何避免學者們也變成一種貴族統治，類似於那些戴著各種面具、通常是騙人面具、而在歷朝歷代統治著人民的那些貴族統治，如神職人員、貴族、握有金錢或專門知識的人？

介入及可及

　　我相信，我在前面所描繪出的人類新家會避免這樣的情況發生。我們所居住的新鄰里空間允許每個人可以透過行動電話而可及於任何人，無論是在他們居住的地方或是旅行的地方；透過全球衛星定位系統，對我們而言，任何地方皆可及，即使實際上我們不知道如何抵達彼處；最後，透過搜索引擎，對我們而言，所有的資訊皆可及，即便我們原本對此並不清楚，特別等到全球文獻（le corpus mondial）數位化之後，任何語言的任何文本皆可及。

　　對於我們這些世俗（laïcs）、平民、無知、無所長、貧窮或悲慘的人而言，這種完全的可及性（universalité de l'accès）可以為一個真正的民主制度奠定基礎，過往所有的等級制度都是建立在對資訊的掌控、對珍稀內容的封鎖之上：無論它們是聖禮、法規、族譜、武器操作、專門知識和技能、財富和供給來源、種子、物種、財產、實踐及理論秘密……，等級制度即竊據（vol）。

　　與此全然相反，首先一旦神祕（mystères）被揭露，其次一旦機密（secrets）被洩漏，最後一旦普及是全面的，民主便降臨。這種專門知識壟斷情況的翻轉，比方說，讓傳授者與受教者之間、醫生與病人之間的關係都變平等；簡而言之，就是任何其資訊是非雙向、不對稱、因此是不公平的並可轉換成權力的任何關係都變平等。今日，何等的弔詭，最美的金礦就存在於資料（les données）當中，稱為數據（data），我的意思是真正地給予（données）[51]：向所有人開放、共享。這種完全可及性甚至改變了權力的本質。

　　我很想草擬一些反托拉斯法，以禁止私下重新積聚機密而形成小資產，其所內含的寶藏受到控制，被用來奴役

51　法語中 données 作為名詞指資料，donné 則是動詞 donner 的過去分詞，指被給予的，此句中塞荷便運用了這兩個意思。

人類。自由即可及性。

可及性之外，還有主動的介入（intervention）。無論你是無知、外行、貧困、不幸或悲慘、在各方面都是二流的，新的生活空間允許每個人學習、投入、發表意見、參與決策、分享專門知識，總歸一句，就是對自己命運保持關切、對集體命運保持主動。這是即時普選（vote en temps réel et généralisé）的到來，由此我們可以夢想真正的參與式民主，因為在此平等至上，介入是自由的，可及是容易的。

我想寫故事、歌曲、詩，以熱情的千言萬語來鼓勵眾女眾男介入一切公共事務，無論與時勢相合或相違，無論公共事務與他們有關或無關。

介入及可及在此所關涉的是資訊，專家說它是柔軟的（douce）——英語說 soft ——而不是粗暴的蠻力——英語說 hard ——如憲警的刀或核彈、榔頭或鐮刀這類的堅硬（durs）。

我說明如下。

柔軟

在政治承擔方面（engagement politique），老舊的道

德觀念對思想而言是何等的不幸！它從沉淪於複誦黨派之
見，有時甚至釀成罪行或到達盲目之地步的哲學家身上、
或沉淪於在媒體上招引格式化虛榮的哲學家身上，我會說，
它從他們身上奪走了體認當代真實情況並透過其斷裂思索
問題的時間及機會。再也沒有什麼東西比時事及媒體的新
聞更能掩蓋新事物了[52]。

　　面對著與我們所遭逢的變化相較之下可說是微不足道
的變化，十九世紀的思想家宣揚了數十種嶄新的政治方案，
包含烏托邦及偽科學。面對著我們的時代、廿世紀的巨大
動盪，卻沒有任何方案提出。這真是教士階級的背叛。

　　亟待展開的一項小工作，藉此那些承擔公眾事務的人
（les engagés）可以再次出發：致力於知性（Entendement）
的改革。其中，我所提出的硬與軟的區別再度派上用場。

　　「生地」的堅硬（dureté）：毒水果、毒物、毒蘑菇、
毒蜘蛛或毒蛇、貪婪的狼，食屍動物及食肉動物、猛禽、
寄生蟲、細菌、微生物、病毒……無論是動物性或植物性
的，每個物種都身懷絕技，至少用於抵禦或攻擊。

　　至於人類，他具備智力（intelligence）。他無休止地

52　nouvelle 做名詞指新聞，做形容詞指新的。

發揮智力的威力，但最常見到的情況是將智力用於宰制、爭第一、成為最強者，並粉碎過程中的任何事物及任何人以贏取勝利。身懷智力所賦予的本事，在充滿征戰的演化過程中，人類已經征服了大自然及他悲慘的同類。實際上，這個演化過程以勝利告終，然而這個勝利卻是如此矛盾，乃至於它反過頭來可以導致人類連根拔起。要如何避免走向這樣的敗亡？我們需要改變邪惡的武器：沒錯，就是改變智力。智力還位處毒液及毒牙的這一邊，它必須以最快的速度、冒著極大的風險，從做為一種權力意志的展現轉變到共享、從戰爭到和平、從恨（la Haine）到愛（l'Amour）。這是我的哲學、乃至於哲學本身的目標，因為它的拼字裡便結合了這個計畫的兩個字 [53]。

對於政治上持現實主義立場的人而言，愛這個字似乎有點烏托邦及矯揉造作。甚至還過於女性色彩，或許吧！然而，在今日它所隱含的柔軟（douceur）不僅意味著溫柔、寬容及平和，而且還定義了一整套知識、技術及實踐──特別是那些介入及可及的技術與實踐──其重要性很快就凌駕於我們所使用的硬技術之上，儘管硬技術備受我們的

53　指哲學（philosophie）一字由愛（philo）及智（-sophie）組成，這兩個字就是哲學工作的重點。

讚揚，但最晚從工業革命以來、最早從石器時代算起，這些硬技術便持續摧毀著我們的生存空間。柔軟的書寫、印刷和計算機的三次革命已經在我們的社會中改變了歷史、行為、制度及權力，其所帶來的變化比諸如勞動技術這類硬改變更為根本。

我再重複一遍，硬指的是熵尺度（échelle entropique）上的勞動：以榔頭在鑿子上敲打、鋼的鎔鑄、發動機、核彈。軟指的是訊息尺度（échelle informationnelle）上的行為：痕跡、標記、符號、碼及其涵意；我不停地提到關連於資訊的四項操作。

之前是石頭，之後是雕刻。

這裡也在某種程度上涉及舊石器時代的終結。今日不可預知的分岔：硬之終結，軟的開始。柔軟，不僅是道德上的，還有碼的柔軟、理論的柔軟、學者、工人——例如：藍領工人的減少，白領的大量增加、製造者、司法、集體；這柔軟讓介入及可及成為可能。在此我們碰觸到一個深層的板塊，在此柔軟與堅硬間的相遇、短路及斷裂一起引發了地震。

本書及危機的秘密就在此：存在於股市賭場與實際經濟之間、我們的信託協議數字與生物及地球的「生地」之

間的的巨大落差，跟政治－媒體馬戲與不斷發展的人及社會狀態間的落差是一樣大。這些距離簡而言之就等於硬與軟的分岔。

　　我答應未來我將針對柔軟寫一本大篇幅的書。

Vincennes，二〇〇九年九月九日

以前有多好！

C'était mieux avant !
（2017）

Michel Serres
米榭·塞荷 著

王紹中　譯

目
錄

contents

平均壽命的飆升讓年長者（les seniors）─人們出於一種愚昧的難為情而這麼稱呼著[1]─在我們這個美麗的國家人滿為患。我也是當中的一份子。如同我們將看到的，許多年長者將他們的青春理想化。另一方面，孩童或老人、女人或男人、富人或窮人、右派或左派、信徒或無神論者、南部人（oc）還是北部人（oïl）[2]、布列塔尼人或皮卡第人、阿爾薩斯人、科西嘉人或巴斯克人，以及我們的祖先─高盧人─以降，法國人愛發牢騷、批評、不齒、怒罵、抗議、對著醜聞怒吼、憤怒（colère），而憤怒這個字至少每週三次出現在報紙的頭版上。位於巴黎戴高樂廣場的凱旋門上，右門柱上有著呂德（François Rude）所刻的高浮雕作品〈馬賽曲〉（La Marseillaise），上頭形塑著好幾張面孔，並佈滿了十張鬼臉，高喊出我們這個愛抱怨民族典型的憤怒。

老男人加上愛發牢騷的人，兩個並不互斥的群體，加在一起或混合起來便使得我們的法國成為一個愛抱怨爺爺們（Grands-Papas Ronchons）的大本營。錢多話又多，佔多數，也成為越來越具有影響力的選民，此外，他們尋找

1　法語中 senior 並不指年長者，法國人從英語中借用了這個意思，以避免某種直接指稱的難為情。

2　在中世紀，法國南部人說「是」為「oc」，北部人則說「oïl」（再演變成「oui」），所以當時的人將這兩種語言分別稱為「langue d'oc」（奧克語）及「Langue d'oïl」（奧依語）。此處用 oc 及 oïl 來代表法國南部人、北部人。

機會顯露他們的功成名就，這些愛生氣的人告訴拇指姑娘（Petite Poucette）[3]，這位將長期扛起這些退休人口支出的失業者或實習生[4]：「以前有多好」[5]。

不過，這倒剛好，因為我正巧就經歷過同樣的過往，我可以提供一份專家報告哩。來吧，事不宜遲。

---

[3]　《拇指姑娘》（Petite Poucette）是塞荷二〇一二年出版的著作，他帶著「今天，出現在小學、中學、高中、大學裡的，是誰？」這樣的問題意識，穿梭歷史，上下千年、萬年、甚至超出歷史的範疇，對照、詮釋及描繪出的人類新世代群像代表人物。塞荷認為，從許多方面來看，新世代都生長、生活在一個與前世代、古人、乃至於智人誕生以來全然不同的狀態下，並因這個新世代從小就生長在網路發達的行動通訊時代裡，他們善用兩個小小拇指便在手機靈活操作、與全世界溝通、發送訊息，塞荷便選擇安徒生童話中的〈拇指姑娘〉（La Petite Poucette）人物，賦予了新時代意義，以「拇指姑娘」為名，來表徵人類新世代群像。本書是《拇指姑娘》的序曲（中譯本尉遲秀譯，二〇一九年第二版，無境文化出版），相對於新世代，塞荷描繪出「愛抱怨爺爺」這個前一世代人物的代表，他們年老、有錢、具有影響力，同時也倚老賣老，愛對「拇指姑娘」指指點點。

[4]　法國年輕人口失業率高，初入職場，常面臨長期求職的困境，或擔任薪酬差的實習生。

[5]　「以前有多好」（C'était mieux avant）是本書書名，也是貫串全書的核心句子、核心意念，塞荷說這句話的時候多半帶著反諷性，例如在平均壽命方面，以前人的壽命短於現代人許多，因此在早逝方面，「以前有多好！」本文中，如遇到明確反諷情況，便加「」號。此外，塞荷有時會說 C'était beaucoup mieux avant，翻譯為「以前好得多」。

高地酋、領袖、元首、偉大的舵手[6]……

以前，領導我們的是墨索里尼、佛朗哥、希特勒、列寧及史達林、毛澤東、波布、壽西斯古[7]……他們盡是強人，是集中營、酷刑虐待、就地處決、戰爭及整肅方面千錘百鍊的專家。擺在這些叱吒風雲的人物旁邊，民主國家的總統看起來黯淡無光，除非他讓戰敗國簽訂了屈辱的凡爾賽條約，或是派出上百架普普通通的轟炸機到德勒斯登上空，或是投擲出原子武器讓廣島與長崎的百姓遭受輻射奪命。

這廿世紀的政治蠱惑了我們的童年。面對著國旗，我們被迫唱了多少次的國歌？我們孩童時期多少次被迫走在遊行的行伍中，只是為了歡頌那些實際上受成敗擺佈、缺

6　均為獨裁者的稱呼，高地酋（Caudillo）為西班牙軍事獨裁；領袖（Duce）是義大利法西斯獨裁者墨索里尼的稱謂；元首（Führer）是納粹德國的國家元首希特勒之名號；偉大的舵手（Grand Timonier）是中國共產黨及人民稱呼毛澤東的方式。

7　波布（Pol Pot）為柬埔寨獨裁者。壽西斯古（Nicolae Ceauşescu）為羅馬尼亞獨裁者。

乏主見的投機領袖？我們歷經了多少的謊言？我們聽到了
多少遭受酷刑折磨的人尖叫、我們在溝渠中目睹了多少朋
友的屍骸？

戰爭與和平

　　以前，我們的先輩參加了一八七〇年的普法戰爭，我們的父執輩年紀輕輕遭逢了一九一四年的第一次世界大戰，法國幾乎所有的農民都倒在戰場上；一九三六年開始了西班牙內戰，野蠻用鮮血染紅了這個美好的國家；緊接著到來是一九三九到一九四五年的第二次世界大戰及種族主義之惡行；然後是印度支那及阿爾及利亞的殖民衝突，我也為此扛起武器。我的祖父躲開了色當的潰敗[8]，我的父親在凡爾登[9]的槍林彈雨中為毒氣所傷，我則不得不加入蘇伊士遠征軍的隊伍[10]……這樣，在一個世紀以來，我的家

8　一八七〇年九月一日，普魯士及法國兩軍在色當（Sedan）會戰，結果法軍大敗，也決定了普法戰爭的勝負。

9　第一次世界大戰期間的凡爾登（Verdun）戰役發生於一九一六年二月廿一日，德、法兩軍對壘，死傷慘重。

10　蘇伊士遠征（l'expédition de Suez）又稱為「蘇伊士運河危機」或「第二次中東危機」，是發生於一九五六年十月廿九日至十一月七日的軍事衝突，導火線為埃及將蘇伊士運河收歸國有，以色列、英、法三國持反對意見，遂展開軍事介入，後在國際調停下退出。

人和我所經歷的是戰爭、戰爭、戰爭……打從出生到長成，我的身體、雙手與雙腿、心及腦都受到戰爭、戰爭、戰爭所形塑著。

在這之後，我們經歷了六十五年的和平歲月。從伊里亞德年代或羅馬承平以來[11]，至少對西歐而言，這種景況可說前所未有。那些戰爭的世代，也就是我所說的這些世代，為這六、七十年做了準備並實現了，這段較諸血浴過往更加幸福的歲月。當衝突的聲響與狂暴猶在記憶中縈繞不去，和平的寧靜卻引人走向遺忘。城市與村落為它們甚至樹立起陣亡將士紀念碑、上頭刻著令人不忍卒睹名單的紀念碑。愛抱怨爺爺難道罹患了歷史失憶症嗎？他難道從不造訪村落如今空蕩蕩的廣場嗎？今日的和平難道比不上往昔的這些戰亂？

以前，這些未曾止息的殺戮及其他的國家罪行，如古拉格勞改營或對猶太人的屠殺，讓上億的受害者死亡。根據統計，在更早的時期，傳染病所造成的死亡人數仍遠遠超過戰爭受害者，然而廿世紀卻是歷史上首次人禍致死的人數遠多過細菌的危害。戰略性知識大幅戰勝了細小的細

11　羅馬承平（la Pax Romana）是指羅馬帝國興盛承平的前兩百年，約為西元第一、二世紀。

菌。為了打破這個殺人紀錄，精益求精的專家們發明出機關槍、化學武器及核彈；我們的菁英夢想著大規模毀滅。以前，我們一手完成了這些傑作，無論是概念上的還是製造上的。

然而，在這些罪行出現以前，西方也從未在科學及藝術的文化水準上達到如此高的境界，如在繪畫與音樂、電學、量子力學及化學、技術及運輸、日常生活及舒適等方面；西方也從未在自由或民主方面達到如此的高峰，更別說國際聯盟[12]、紅十字會、以及各種我們熟知、有時也予以支持的和平、平等及自由運動。相較於我們墜入的野蠻深淵、以及我們瘋狂的暴虐所堆起的屍體數量，可憎暴行與文化高峰之間的關係更讓人訝異。

這文化避免了什麼？

以前，我指的是在納粹佔領期間，巴黎及其他法國城市的牆上湧現了上千個德語單字。我也因此開始對主流語言感到恐懼，而對於人們想要消滅的語言產生熱愛。相較於當年納粹所張貼的德語字，我估計同樣在牆上今日有更

---

12 成立於一九二〇年，國際聯盟（Société des Nations）是第一次世界大戰結束後各國政府以維護和平為目的所組成的跨政府組織，歷時廿六年，會員國最高數量達五十八個，但終究無法有效化解並阻止第二次世界大戰的爆發，遂於一九四六年由運作至今的聯合國取代。

多的美語單字，因此我努力捍衛法語，如今成了窮人及被征服者的法語，而且我發現這種語言輸入的幫兇從父到子都是發生在相同的階級身上，亦即菁英階級。

除了對城市平民進行轟炸之外，在絕大多數的情況裡，廿世紀的戰爭都是由年長者決定、籌劃並組織起來的，這些戰爭殺死了年輕男性。換言之，在各部會、使館和軍事總部裡頭，一些出身菁英階層已為人父者在一股狂熱之下參與了謀殺兒子的勾當，其數量以千萬計。不久後，無疑地，在這堆積如山的墳墓前視而不見，那些逃過一劫的女兒們、兒子們坐在階梯教室裡聽著課堂上講授著「弒父」情結。

在死亡及謊言方面，真的是「以前有多好」。

以前，沒有手機，每個人只好各自艱困地面對現實，因此當愛抱怨爺爺今日看到拇指姑娘沒完沒了地一頭栽進虛擬世界的溫和（le doux du virtuel）[13] 時便很不以為然，就猶如騎在驢子上的桑丘在斗篷下嘲笑唐吉訶德紙上談兵之荒誕一樣 [14]。

13　塞荷在本書中多次運用軟（doux）與硬（dur）的對比，考量全書的呼應性，特將原文附於括弧內。

14　桑丘‧潘薩（Sancho Panza）是《唐吉訶德》小說中的主角人物唐吉訶德的隨從，小說出版於十七世紀初，作者為西班牙作家塞萬提斯。

　　以前，如果這些戰亂、死亡、兇殘的統治者、謊言、集中營及勞改營、罪行、毒害不是在一個這般貨真價實的現實裡肆虐，而是發生在一個溫和的（doux）電玩虛擬世界中，我也不會如此憤恨不平。

意識形態

以前，我們可以在四處流通的反猶太刊物上醜化猶太人，卑劣地侮辱猶太人，而毋庸擔心受到起訴；我們也能夠以幾近科學的方式指出非洲人、澳洲土著、或說全部黑人都尚未開化、接近於靈長類動物，儘管是我們的同代人，然而尚處於新石器時代之前的階段；我們也宣稱天主教徒這些信眾組成了無知之徒和保守人士的大本營；德國人只不過是嗜血的蠻族，嘴巴咬著刀，隨時準備復仇，就像社會主義者和共產黨人一樣；而老師及工人皆係懶惰鬼，所追求的只是有薪假；老闆盡屬卑鄙的資本家，每一頓飯都吸吮著無產階級的血；更別說貴族、共濟會、移民、郊區居民⋯⋯想也知道，全都危險得要命。因此，每個社會團體都在密謀反對<u>我們</u>（nous）。現在的網路社群還在玩這種愚蠢而危險的把戲。由於高度仇視其他人，社會對話及政治對抗因此不會遭逢什麼重大的阻擋便朝向上述罪行前

進，將言論付諸行動。

我並不是說所有的種族主義都消失了。然而在學校及大學的課堂上，各種不同出身、不同宗教及不同語言的人確實共處一堂；然而，無論是以觀光或學習為目的，去近或遠的國家的旅行持續進行；然而，專家和企業之間進行著交流；然而，各方面都出現新的發展出路；然而，電腦及手機帶來了無疆界的可及性；然而，小世界定理表明，在今日一個人可以通過四通電話聯繫上任何一個人 [15]……然而，研究發現了關鍵的數字，它們告訴我們，發生在家庭內部的殺人事件多過於源自家庭外的，鄰里間和親密關係中所具有的暴力情況多過於外部的，因此自己人之間要彼此相愛、甚至是在反目成仇的兄弟間要彼此相愛、比起與外人之間的相互容忍更加地困難……諸如此類的事會削弱、有時甚至是否定那些愚蠢又不人道的往昔判斷，我想愛抱怨爺爺不致於會真以此類判斷為傲。

我明白他帶著若干懷舊之情所說的：以前我們生活在一起，今天我躲在手機的個別隔絕狀態中。但是，一想到

---

15 「小世界定理」（le théorème du petit monde）一般稱為小世界（small world）現象或實驗，是一項有關社會關係的假設及研究，認為任何人可透過若干短距關係而連結上任何一個人。其概念主要源頭是一九六七年美國心理社會學家斯坦利·米爾格拉姆（Stanley Milgram）所進行的相關實驗，假設任何兩位美國人平均可藉由六段關係而連上線，被稱為「六度分隔理論」（six degrees of separation）。

那些意識形態在過往既鞏固了他所稱頌的歸屬感、同時也在部分上釀成了罪行，那麼誰會不想拋棄它們呢？此外，因為法國足球隊的球員在最近的世界盃中罷練，那麼誰知道如何組起一個團隊呢[16]；因為離婚的情況越來越多，誰知道如何組成配偶呢；因為各教區陷入荒蕪，誰知道如何來經營呢；因為在每個政黨內部，人與人之間的爭執加劇，以至於這些政治運動所標榜的理想流於空談，誰知道如何組織一個政黨呢？這些舊的歸屬感正凋零中，連我們父母的那一代曾經付出幾百萬條人命的<u>國族</u>也是，如今看來竟毫不值得。同時，我們正試圖創造出新的歸屬感，例如本地的歸屬感，一些新的價值在其中互通；也有全球性的歸屬感，例如數百萬人加入的社群網絡。

　　拇指姑娘說，這就是我的個人主義，他者萬歲。她主張的正好跟愛抱怨爺爺相反。

16　指二〇一〇年南非世界盃舉辦期間，法國隊因內部衝突而引發的球員集體拒絕參加賽前訓練的事件。

自然契約

　　怎樣的他者？人類，當然是，但是還有所有那些完全與人無關的部分。在此說明。

　　以前，工廠不受限制地將其廢棄物排放到大氣或大海、塞納河、萊茵河或隆河裡。油輪在外海清除油艙廢油。工業革命帶給了工人、工程師和思想家無比的信心，乃至於它似乎沒有什麼需要呈現的陰暗面。哲學家講授著人類的有限及世界的無限，這世界滿注著恩賜及祝福；我們可以毫無限制地利用這種以無償的方式賜予人類的資本。對於殘餘物則毫不在意。

　　情況逐漸有所轉變。當濃霧讓倫敦人呼吸困難[17]、脊髓灰質炎細菌在加隆河中漂流著[18]，我們開始質疑人類所

17　其中最著名的是發生於一九五二年十二月五日至九日的「倫敦霧霾」（Great Smog of 1952），其原因是倫敦地區大量燃燒煤炭所產生的污染空氣，在氣溫低、反氣旋及無風等天候因素下，久久無法散去，形成持續數日的濃霧。

18　塞荷出生於加隆河畔阿讓市（Agen），塞荷從小傍河而生，對水有著深厚感情。在一段訪談中，他提到成長時期常在加隆河裡游泳嬉戲，但一九四七～一九五○年間

做所為的風險，特別是在廣島原爆之後，一些工業災難引起輿論的關注。我們對事物（choses）的操控回過頭來促使事物本身產生極大的反彈。哲學上的逆轉便是發端於此：沒錯，在其知識、欲望及歷史方面，人是無限的，而世界則是有限的；我們甚至可以凝視著自己所搭乘的這艘小船，它被攝入太空人的鏡頭中，並以一襲大海所作成的洋裝及雲霧和空氣所織成的氣態披巾為界。

當愛抱怨爺爺投人一票，只投人一票，拇指姑娘則開始為了捍衛世界而對抗企業，甚至提議讓世界做為法律的主體（sujet de droit）。他生活在人類自戀的安逸當中，她則接受並承擔生命及地球科學對人及其傲慢所帶來的痛擊，它所給予的教訓將人深深置入世界之中。

由於河水汙染，水質中檢驗出脊髓灰質炎細菌，因而必須停止游泳。參見二〇一七年八月卅日 Le Petit Bleu d'Agen 日報報導：Michel Serres : «Garonne, c'est le cœur, le sang, la raison d'être de mon pays»

社會的過激狀態

　　以前，我的意思是說在這些連綿不絕的戰爭時期中，無論是在人類之間或是人類整體對抗世界的情況下，社會處於一種特殊的狀態裡頭，我稱之為過激的（excité）狀態。在和平時期，在街頭或車站裡，人們錯肩而過，鮮少相互注視，即便遇到相識者，一來一往的問候也幾乎是冷淡的。除了若干精神有問題的人，沒有人會注意別人的存在。這種中性的平淡無奇（banalité neutre）確保了市民社會關係的安定，使它們沉浸在一片平和之中。

　　相反地，衝突會產生立基於攻擊、恐懼、仇恨及懷疑之上並從中獲取養分的新關聯。於是，人人都生活在恐懼中，猶太人如此，焦慮於反猶太迫害再度發生；反抗軍如此，冒著隨時遭受舉發的危險；敵國的幫兇如此，其受到叛國的指控；人人都生活在來者何人（le qui-vive）[19] 的緊

19　qui-vive 為哨兵察覺到不明來人或可疑動靜時的盤查問語。

張之中。這樣一來，還找得到任何一位平和的人民嗎？因為戰爭狀態解除了謀殺不可侵犯的禁令，此時在英勇事蹟（héroïsme）的宣揚下謀殺受到要求或鼓勵，任何人都知道付諸行動的可能性與他息息相關：他可能殺人或者被殺；在今晚或是明天，就在街上的某處，在毫無預警的情況下；每個人都懷疑對方可能是兇手。如此，在治安警察（gardien de la paix）的名目下，增派更多警力。透過整個社會關係網絡，死刑流竄。

這個在戰爭下產生的社會狀態，同樣也完整地重現在不久以前的強人統治之下，警察恣意地暴力相向，而非給予合法的保護。故事場景在史達林時代的莫斯科，一位物理教授在每個週四晚上固定邀請三位老友到家中玩牌，他們四人從小認識，相處融洽，並有過共事經驗。就在這樣自由的夜晚，就在牌局接續進行、輸贏互見的情況下，四個人輕鬆愜意而天南地北地聊著。帶著共度時光的愉悅及幾滴伏特加酒下肚的舒暢，客人在午夜時分起身準備離去。這是一個寒冬的夜晚，就在互道別離的時刻，女主人將大衣遞給每一位來賓，一張證件突然從某個口袋中掉落：這是一張令人聞風喪膽的國家警察證件。她問，是誰的？每個人都辯駁並矢口否認。隔天，一位穿制服的士兵來公寓

取走證件。屋主歸還了它。下一個週四開始，這場朋友間的聚會照舊，但一股濃得化不開的沉默始終在席間揮之不去，直到這樣的聚會逐漸地解散。

朋友不再是朋友，道別時毫無快樂可言。

精神病院記錄下在戰爭期間及專制時期當中收容的病患人數呈直線降低。任何的衝突都會清空收容所。簡單的解釋是：內戰或世界衝突的瘋狂擄獲了整個集體。如同來自一個滔滔不絕的源頭，瘋狂從受護士照料的封閉空間湧出，四處溢流，淹沒了整個世界。我沒看過大規模的禁閉，但是這種大規模的氾濫、這種四處肆虐的洪水、大洪水（le Déluge）卻是真的。它用致命的水淹沒了整個地球。由於這種普遍的精神症狀毒害了所有關係，所以我們便航行在這種有毒的潮水中。後來，我歷經了回返和平的歷程，這有如一種治療。以前，我們病了。我試圖發現這種殘酷荒謬的病因，我想知道如何對症下藥。這種流行病如何在突然間以洪水的形式擴張、水患為什麼又突然間消退？

願集體的精神健康萬歲、集體的精神健康永久！

疾病

　　以前，抗生素還沒有發明，人們死於梅毒或肺結核，如同十九世紀幾乎所有的傑出人物一樣，舒伯特、莫泊桑或尼采皆是如此；我的阿姨在盤尼西林問世前的一個月死於腦膜炎，而這種治療方式會將她致命的痛苦縮減成八天簡單的注射；此外，從前也沒有治療感染的良方。

　　沒有社會保險，窮人生病只能受苦，別無他法；有錢人也好不到哪兒去；診斷上滑溜、在治療上常無能，一位城裡或鄉間的執業醫師一早在他的醫事包中帶上了在當年有用的八或十種藥物；當年還沒有疫苗接種，我有許多朋友因此罹患小兒麻痺；當年人們取笑殘障人士，用動物來為他們命名，如兔唇、狼咽、短肢（意思是海豹的上肢）[20]，毫無憐憫之心；我幾乎趕上《笑面人》（*L'Homme*

20　唇裂與顎裂常被合稱為唇顎裂，其中唇裂俗稱為兔唇（becs-de-lièvre）、顎裂俗稱為狼咽（gueules-de-loup）。短肢（phocomèles）是一種肢體發育上的畸形，以其形態上類似海豹（phoque）的四肢而命名。

qui rit）[21] 的時代。沒有止痛藥（antalgiques）、麻醉止痛藥（analgésiques）或消炎藥，你必須忍受疼痛；醫生拔牙，不做麻醉。我接觸過兩或三個世代的全口缺牙患者，沒牙，他們只能喝湯。世界衛生組織不僅成功治癒了一些病人，並讓一、兩種疾病在全球絕跡，例如天花。

我們的父母從不在海灘上或游泳池裡褪下衣衫，這並不是因為害臊讓他們難為情，以及讓拇指姑娘嘲笑有理的布爾喬亞階級道德觀作祟，而是因為在將身體全部包覆起來的不透明布料之下，隱藏了天花的痕跡或其他無法磨滅的疤痕，就如同過往服裝在脖子周圍裝飾的輪狀皺領（fraise），掩蓋著維納斯項鍊，這與梅毒感染所導致的淋巴結腫大有關[22]。

以前，孱弱、癱瘓、滿身疹子，身體只好在病榻上消磨許多時光[23]。

21　《笑面人》是法國作家雨果的長篇小說，發表於一八六九年。故事主角格溫普蘭（Gwynplaine）是貴族後裔，從小落入人口販子手中，容貌遭受刻意毀損，帶著一張始終怪笑的臉，受好心的江湖藝人收留，四處賣藝維生。十五年後真實身世揭曉，格溫普蘭恢復貴族身分，卻誤蹈陰險狡詐的上流社會，斷然決定放棄爵位回到過往，但過往已殘破，格溫普蘭投海自盡。

22　「維納斯項鍊」（collier de Vénus）是梅毒發病後在頸部上所造成的皮膚色素減退現象。

23　原句直譯為「以前，孱弱、癱瘓、滿身疹子，身體躺在玫瑰花床上自娛。」玫瑰花床（lit de roses）指生活舒適、愜意，典故出自古希臘城邦錫巴里斯居民（Sybarites）生活富裕，以玫瑰花鋪床。

生與死

　　打從我出生到今日，法國人的平均壽命已經提高到八十歲。如果這條存活曲線沒有攀升，那麼我的聽眾或讀者群中會有多少人此刻已經不在人世？而且那些昔日的愛抱怨者[24]何在呢？還有，究竟要生幾個小孩好讓其中的二或三個可以存活下來？

　　以前，由於戰亂或疾病、貧困或痛苦，人們年紀輕輕就亡故，「以前好得多」。為什麼呢？「以前有多好」，因為在婚姻關係上，新婚配偶相互許諾的忠誠平均僅費時五年，而根據今日統計，他們互道的許諾則得經歷六十五年的考驗：這可真慘！「以前有多好」，因為在巴爾扎克或狄更斯的小說裡，卅歲的年輕人就繼承家產了，而今日年屆花甲的所謂年長者中還有多少人依舊等待著那些每晚

24　他們在今日成為愛抱怨爺爺。

飲用著花草茶、暑假在地中海俱樂部（Club Med）渡假長輩的遺產？對他們而言，「以前有多好」，這很明白。「以前好得多」，因為十八歲的年輕人毫不猶豫地將自己的生命奉獻給如狠毒繼母般的祖國，然而他們今日的同輩將會躑躅於是否要為國家獻出預計可活的六十年壽命。今日恐怕連兵役也沒有了。以前，父親還可以在戰爭中逞一時之快地殺死自己的兒子，但在今日，這些往昔的兇手何在？

加護與安寧

　　拇指姑娘說，我看到他們被一種對那些踏入死亡前廳（antichambres de la mort）的人近乎神聖的關注所取代。這些接近鬼門關的病患在重症加護病房中接受治療，裡頭的先進醫療技術有時還可以挽回他們一命。滿懷感動，她說，我在這裡看到復活。一些個性倔強的愛抱怨爺爺稱這一系列醫學上及人道精神上的奇蹟為無望搶救（acharnement thérapeutique）[25]。然而，我曾聽聞一位在歷經兩個月昏迷、幾乎垂危又再次康復的人，感謝他的主治醫師，沒有打開或讀他隨身帶的信，信上表明他選擇在平靜中死去（mourir en paix）的意願；他補充說，醫生們用他重獲的第二個生命給予了這個平靜。而不過幾十年前，有誰想像得到如同安寧療護（soins palliatifs）這種為生命終點所做的準備？

---

[25] 一般譯為「延命醫療」或「無望搶救」，此處依作者文意採用後者。

　　要如此，當年的人們首先必須改變關於疼痛的想法。人們不再為了忍受它而去標榜某種英雄式及殘酷的倫理，而是去尋求對抗它的手段。人們經常忘記，無論是猶太人的、伊比鳩魯派的、斯多葛派的、基督教的或佛教的……絕大多數的道德教誨都涉及為了能夠忍受不可避免的日常苦難而需要遵行的鍛鍊。對於這類做法，我們已經斷然拒絕了。疼痛並不是必要的伴侶，或是有時為了證明自己靈魂的能耐而被欲求的東西，而是如果可能的話，一個要去化解、跨越、排除的障礙。因此，安寧醫療運用各種方式來陪伴垂死之人，藉由鎮靜劑或麻醉藥來減輕身體的痛苦，並透過提供心理方面的協助來為當事人及周遭親友做妥善準備。法律也介入其中，透過立法來規定醫院的職責，設置安寧療護服務。臨終過程從非常艱苦變得柔和（doux）多了。

清潔、衛生

　　以前，我們每年洗衣兩次，在春季和秋季；在我的語言奧克語中，這個儀式被稱為布加多（la bugado）。襯衫（無論是白日所穿或夜晚所罩）、手帕、床單和桌巾，簡言之就是稱作白色棉麻衣物（le linge blanc）的這一類，婦女用冬日在爐灶和壁爐中積聚的灰燼或是夏天田裡焚燒麥稈所餘下的灰燼來洗滌這些衣物；灰燼裡頭大概是含鉀肥吧。這個洗滌盛會半年一次的週期性透露出我們每年只更換兩次床單、穿在身上的襯衫及放在口袋裡的手帕。我的祖母帶著愉快的心情及很高的標準來恭逢這場盛會，這疊泛黃的衣物（我的意思是污穢不堪的）在煮沸過後，她想要從煮衣桶中取出的是一縷純白（une coulée *cande*）。她跟所有人一樣也說拉丁語，cande 這個奧克語單字指的是純白（candidement blanche）。

　　我也不記得理髮師在剪髮時會為每位客人更換披在肩頭上的毛巾。他只是使力一甩這塊早已變灰的毛巾，好抖落前一位客人的頭髮，我們用力跺跺腳，不覺得有什麼不好的，然後他喊道：下一位！沒錯，從前誰會在晚上和早上刷牙呢？大多數旅館既沒有自來水也不提供淋浴；一只帶手把的寬口水桶，好讓你清潔，然後床頭櫃裡擱著一只便盆，這就是全部。人們先將便盆倒在便桶中，再將便桶倒入早晨經過街頭的糞車便罈（toupine）中。十九世紀末倫敦，有錢的地方出現了沖水馬桶，得再過五十年才開始普及。從前，人們隨地撒尿、四處拉屎，有點類似今日在印度尚可看見的隨地便溺（*open defecation*）。編年史家甚至說道，就在法國偉大世紀（Grand Siècle）[26] 的凡爾賽宮，一扇門打開總免不了要將被宮臣踩在地上的排泄物刮成扇形。對付受感染的傷口，法國農民用水槽刮下的碎屑（raclure d'évier）來治療。這些水槽表面的發霉物質應該含有青黴菌。一八九七年就已經有一位名叫杜辛（Duchesne）[27] 的法國醫生撰寫了有關細菌和黴菌相剋的論文。當然，我們的農村百姓跟學院教授一樣，大概很少人

26　指法國十七世紀，特別是路易十四統治時期（1661-1715）。
27　艾涅斯特・杜辛（Ernest Duchesne, 1874-1912）。

會讀過這篇文章，反倒是這位醫生所做的，只是描述當年這些膽大無懼鄉民的奇特風俗。

　　自從巴斯德[28] 以來，也就是從十九世紀開始，或者說得再早一些從塞麥爾維斯[29] 以來，衛生學已經在化學層面及理論上成立，但是要等很久，一直到一九五〇年以後才開始普及。此時（正值我的童年階段），《ELLE》雜誌還推出了一個引發議論的宣導活動，建議婦女每天早晨更換內褲。每個人私底下都竊笑不已，大部分人覺得被冒犯，還有一些人更認為此一要求實在難以達成。然而，這本雜誌的名聲便來自這次呼籲，根本上扭轉了拿破崙寫給約瑟芬的那句名言：「我自前線歸，切勿洗澡！」真心希望雜誌當年也能以臭氣熏天的男性們為對象刊出一張類似的頁面啊。

　　根據統計，法國人平均壽命增加主要應歸功於這種民間即時的衛生宣導。以前，我們生活裡，無處不是臣服在暗黃之下[30]。

28　路易・巴斯德（Louis Pasteur, 1822-1895），法國科學家，微生物學先驅。
29　伊格納茲・塞麥爾維斯（Ignaz Semmelweis, 1818-1865），匈牙利產科醫師，發現衛生條件為產婦致死因素之一，積極倡導現代產科消毒法，產褥熱死亡率顯著減少。
30　原文是 sous le règne d'Isabelle，其中 isabelle 指暗黃色，在此處指衛生習慣尚未建立、衣服用品少有機會洗滌，所以生活四處常見暗黃色的景況。

婦女

從前，由於婦產科醫生不洗手，產婦於生產時死於產褥熱。她們及新生兒的死亡情況在我漫長的人生歲月中逐漸減少到幾乎完全不見蹤影。當年那些逃過生產劫難的女性倖存者在法律上被視為未成年，既沒有投票權，也不能申請銀行支票簿，進入教堂的時候需要以布巾蒙住頭部，做任何事皆需經由丈夫同意。

有些為數不多的女性人物，接受了高等教育或爭取到男性認為超過的權利。居禮夫人儘管在物理和化學上如此出色，乃至於獲頒兩項諾貝爾獎[31]，成為寡婦的她，卻須面臨報紙對她新戀情的指指點點而承受著痛苦的折磨；我不記得人們也如此對待男性；我們帶著大男人主義色彩的

31　瑪莉・居禮（Marie Curie, 1867- 1934），出身波蘭入籍法國的物理學家、化學家，分別於一九〇三年由於放射研究獲頒諾貝爾物理學獎，一九一一年再因發現兩種新元素針（Po）和鐳（Ra）而獲頒諾貝爾化學獎。

記憶，遺忘了這種不公平的傷痛。我不記得後來被任命為法國總理的伊迪絲・克雷松在法國媒體上所受到的待遇有怎樣的改善[32]。我們的歷史書籍不明就裡，依然宣揚著這樣的謊言，說我們的國家享有超過一個世紀的普選權；應該說是只限於男性的普選權吧。

對我們的伴侶而言，「以前有多好」。從前，誰在黎明時分起床，把木柴或煤炭放進爐子裡；這要比煮咖啡早一個多小時；從前，還需要殺雞、拔毛、清除內臟，然後放上爐子烤；在兩次餵奶間，得準備餐點、洗碗、整理櫥櫃、沖洗地板，還有照顧生病的兄弟姐妹……怎樣才能把這些輾壓在母親和女兒們身上的繁重家務臚列周詳呢？

對於這些，拇指姑娘恐怕都不知道吧！

---

32 伊迪絲・克雷松（Édith Cresson），生於一九三四年。一九九一～一九九二年間擔任法國總理，為法國至今唯一的女性總理。

勞動男性

　　從前，對男性而言，在外面凡事皆要靠手做：鏟子、鎬子、叉子、斧頭、十字鎬或煤鎬、鐮刀。在戰爭期間，他們淪為勞力工作者，並領到食物配給卡。沒有起重機舉起重物，沒有發動機減輕辛勞，一切只靠二頭肌，背部高高拱起。

　　我記得四點就得起床：在五點到七點間，在吃點心之前，我們必須將各十噸的沙子及細礫或碎石裝上卡車，加起來廿噸重。三到四個人一組：卡車兩側一邊一個，另一個在車尾。沙子及細礫用鏟子，碎石則用九爪叉。午餐時間，三輛空蕩蕩的卡車駛回，我們重來一遍，司機有時也加入行列。廿年後，真是恩賜：一條輸送帶允許鏟子上的沙石無須高舉過頭，而是與地面齊平就成了。這是人間天堂。再過廿年，爪叉和鏟子都收到倉庫後頭，沒人再提了，

換上拖拉機和挖土機在工地裡來來回回。鎬子被手鑽機取代。我們到了超級天堂，唯獨耳朵有點吃不消，噪音取代了汗水。

是以，從前我們即便是善於對付洶湧波濤的職業水手，對水動力學或流體力學依舊一竅不通；我們儘管善於分辨石頭，仍對地質學無所知悉，我們可以順著紋理來讓石頭裂開，卻絲毫不具備結晶學的特殊學養；我們可以雜亂無章地預測三或四月的洪水，就像氣象專家現在所做的一樣，卻對氣象學一字不識；我們可以處理碎鋼，卻不清楚材料力學；我們飼養役用馬或能夠識別河裡所有的魚，如西鯡與鱸，卻一點都不具備自然史或生物學方面的知識；年代再晚一點，我們啟動內燃機卻不知熱力學，我們操控吊車方向卻沒有靜力學方面的專業知識。

以前，在缺乏這些理論及其相關應用來穩住陣腳的情況下，每天各種失靈、損壞及事故層出不窮地發生在我們身上，我們不停修復，並為自己的錯誤付出代價。備嘗艱辛，我理解到伴隨著無知而來的苦澀代價。對於那些蔑視知性卻又像所有人一樣想要解決困難的人，我建議他們重

溫過往的無知。

　　一段理論方面的插曲。又過了很久以後，我負責協助高等師範學校學生準備教師資格考，有一次我出席一場內容高度抽象的報告，報告者是一位被視為明日之星的年輕學者，題目是關於體力勞動者和知識分子的差異。當年，馬克思主義稱霸，這位學生引述了那些必引無疑的天才，史達林、米丘林[33]、毛澤東……。休息時間過後，討論繼續。我只講了一件簡單的事：體力勞動者在撒尿之前洗手而知識分子尿完才洗。此話一說，便激怒了這位明日之星。這些積極分子跟他們所簇擁的大師阿圖塞不僅對科學、甚至對經濟學都毫無認識，卻帶著輕蔑，譴責當時已不算什麼新玩意兒的量子力學及剛起步的生物化學是非無產階級科學。此外，這些出身良好的布爾喬亞階級，他們也少有機會將手伸進油污或泥巴中。因此，我很清楚知識最高殿堂的黑暗時代。

　　在理論方面，「以前是好時代」。

---

[33]　伊凡・米丘林（Ivan Vladimirovitch Mitchourine, 1855-1935），俄羅斯園藝學家、農學家。

工具垃圾桶

　　我重新回到方才談到的無知，沒錯，但甚至也重新回到從前的科學。因為在田裡挖掘灌溉渠道的鏟子及鎬子之後，還有其他的工具接踵而至。不過，我當年是多麼驕傲於我的六分儀！位居艦橋高處，我們——我的意思是愛抱怨爺爺和我——在中午時分測量著太陽的高度、在黃昏時刻測量著星星的角度。回到航海圖室，我們找出對數表來參照，並一頭埋入繁複的計算裡，算到最後，計算的趨近值得出唯一可能的位置。歷經一次又一次的錯誤，何等的幸運啊，我們的計算引領我們航向目的地。

　　無論是實習水手（mousse）還是海軍上將，拇指姑娘現在仰賴著全球定位系統，畫面立即顯示出她所在位置，準確度近乎無止盡。她從不迷路，更何況除了地圖，偶爾還附帶語音導航。地圖的即時圖像疊在地景上，無論是疆

域或美麗的海洋。假如她沒有走在正確的道路上,語音導航親切地建議她向左轉或向右轉。六分儀被扔進垃圾桶裡,其命運跟鎬子及鏟子一樣!我們不需要再被過時的計算方式所誤導。

　　加入鏟子、爪叉及六分儀,滿出來的垃圾桶裡裝著上千件的失去功用的工具,它們全部或幾乎全部都見證了那些需要肌肉激烈作用的古老手工行業:在這裡,零零散散的各類廢棄工具中,有各種尺寸的手轉把手(manivelles),這名字可取得真好[34],它們用來發動汽車、研磨咖啡、壓馬鈴薯泥、為黑膠唱盤或鬧鐘上發條;電話答錄機及接線生將電話接通的插頭;用來剪裁或縫製皮革的鞍具剪、馬蹄鐵匠用來將燒紅的馬蹄鐵夾住的鉗子;鐵匠打鐵用的錘子及鐵砧;切割療法[35]所用的小藥瓶;鋼筆筆尖及放在斜面書桌凹槽中的墨斗……一堆印刷鉛字及紙鎮;將煤從地窖搬上樓的煤桶;乳製品店女店員的束腰及她的老主顧戴在頭上的折疊式大禮帽(gibus);還有當燒牛蹄的尖角時

34　manivelle 源自拉丁文 manibula 或 manicula,意思是小手(petite main)。手與塞荷此處談的手工產業、體力勞動皆相關,因此他說這個名字取得真好。

35　切割療法(scarification)在醫療上指運用如柳葉刀等切割工具,透過在皮膚或黏膜上切割所進行的治療,如放血治療或是疫苗接種等。這個字也指透過切割皮膚以達到刺青或紋身效果,或譯為「疤痕紋身」。

用來框住牛隻、用木樑做成的縛獸架⋯⋯

　　⋯⋯此外，還得加上虛擬的提籃，裡頭躺著三萬七千個單詞，它們代表著法蘭西文學院所出版的最後一本法語字典和幾個月後即將出版的新字典間的差別[36]。打從黎胥留[37]以來，前面幾個世紀間，法語字典新舊版本間大約會有三到四千個單詞的差別。即便在前幾代人之間，法語仍保持相對穩定；然而，在愛抱怨爺爺跟拇指姑娘之間，法語出現了很大的變化。從此以後，誰還會對彼此雞同鴨講的情況感到驚訝呢？不久後，我們所講的法語跟我現在用的法語之間的差異程度會像我所用的法語跟中世紀編年史家所用的古法語之間的差異程度一樣大嗎？跟法語所遭遇的情況一樣，世界上所有的語言毫無例外地都在此刻經歷著相同的階段性轉變，主要觸及到的是各行各業、創新的材質、以及不斷出現又消失的工具。

36　法蘭西文學院字典（Dictionnaire de l'Académie française）是官方制定的法語標準字典，第一版於一六九四年問世，第八版出版於一九三二～一九三五年間。最新的第九版編纂工作開始於廿世紀末並持續至今，第一卷出版於一九九二年，目前正在進行第四卷的籌備工作。塞荷文中所說的新舊版差異，應該是指第八、第九版間的差異。

37　黎胥留（le cardinal de Richelieu, 1585-1642），天主教樞機主教、法王路易十三之首相，一六三五年一手創建法蘭西文學院，目的是完善法語及建立法語標準及規範。

浣衣婦與擣衣杵

加隆河畔的皮耶橋（pont de Pierre）位於阿讓市（Agen）中心，過去，我們在這座橋的上游處以疏濬河石維生[38]。我們家的船很少離開河道中央，河右岸公認的浣衣婦王國猶在，只見她們用洗衣板用力拍打著泛黃的床單。破曉時分，我們就登上載沙舢板，划到岸邊木棧，我不確定當年還只是個孩子的我，是否聽懂了所有浣衣婦與船夫往來間所說的話，他們盡是些長舌之人，把事情說得天花亂墜、五顏六色的，只可惜當年的我大概還是色盲（daltonien）吧。無論如何，在我的小學課堂上，那些話我們的老師是不會說的；弟弟跟我只在假日期間才幫家裡工作。交織著老友、跟沙石及清潔有關的種種苦差事，當年的日常生活景象歌詠著我的兒時回憶，如今這一切都可說是有幸被洗衣機及對河川生態的維護所取代而一筆勾

---

[38] 塞荷的父親以在加隆河段疏濬及打撈為業。

銷。

　　只是，過往透過疏濬，河水保持乾淨，因此人們在加隆河裡洗滌衣物，而今日不再疏濬，河水受到污染。還是說過往我們對於河水的清澈程度及內褲的潔白程度沒那麼重視？

起重機

　　我們的這座三角起重架（chèvre），年分可跟夏娃一樣悠久了。在吊斗拉起一次又一次的石頭後，它已不堪使用，隨時有發生事故的危險。當成破銅爛鐵送走，它步入了相同的命運。我們這一行的專業報紙刊載波爾多港近來大力整頓，淘汰掉一批過時、早被繁重的貨輪裝卸工作操到爛的貨櫃起重機。不過，這座大城市最老舊、用來裝卸大型海輪的老舊起重機，仍有機會在我們加隆河的採砂場中尋覓另一春。透過拍賣的管道，我們買到一台，模樣很好、身材高姚、主臂更讓人驚豔，真是一台夢中起重機。但是，要從內港運送到我們的砂石場，其間的距離足足有兩百公里。

　　在一位擁有一雙強壯臂膀、綽號叫潘塔雷翁（Pantaleone）的港口專家協助之下，我們先花了八天時間，將起重機大卸四塊：鋼板做成的底座；接著是底座上方的

駕駛艙，這駕駛艙外頭以木板包覆，裡頭包含發動機、操縱裝置及駕駛的操作空間；平衡錘位於平衡臂尾端，裡頭填滿了紅色、長鏽的碎鐵片；最後是主臂，細長、優雅、透空、可伸縮、兩端變細。前面三部分用一輛低板拖車沒什麼困難就可以運送，但是主臂就不成了……

　　父親可不管這些，他挾著一股王公貴族車隊出巡的驕傲，自己一人就載著底座及駕駛艙開上了國道，把弟弟跟我留在港口，還有一台香卡燕（Simca Aronde）汽車和一輛廿噸的威廉（Willème）自卸大卡車。在一百元入袋、一杯黃湯下肚之後，提比斯（Tiburce）一頭鑽進了一旁的起重機，非常願意好好地將這根鋸齒狀的大針放上大卡車，並幫我們用繩索固定妥當。這根大針前端長長地凸出了車頭的散熱器護柵，它的尾端遠遠地拖在車斗後頭，宛如婚禮及宴會穿的燕尾服。我們很快就發現哪怕是小小的轉彎也需要很大的半徑，考量車流、行人以及警察等問題，因此不可能在大白天穿過波爾多市區。於是，我們在離峰時間出發，接近半夜兩點。我承認我們撞壞了幾盞路燈、以及數量大概也不少於此的牆壁，還刮到美侖美奐的公共建物；幾座廣場，我們做了十次來回操作才得以脫身。接近破曉時分，我們總算駛離市區，神不知鬼不覺。我們倆每小時

交換方向盤，一人開大卡車，一人負責小轎車。小轎車開在大巨獸前，負責開路。我想，在當年應該還不存在今日人們稱為預防措施及特殊運輸這類的規範。沒有法規，沒有憲警，每個人自由地、我要說瘋狂地承擔各自的風險。

當年我們廿歲，天不怕地不怕。主臂重如一株橡樹，軟似一根蘆葦，隨著車行速度及道路的顛簸狀況而顫動及搖擺著。幾乎有十次，它險些掉落，因為它的狀態就有如一個巨大的彈簧，彈來晃去，超乎我們的掌握。當然，避開國道，我們穿過朗德森林（Landes）而行，車流較少。我們車隊不時扯到葉叢，因此必須經常將主臂兩端勾來的樹枝清除掉。我對途經的那些村莊記憶猶新，兩旁有一些商店、酒吧，由於路面坑坑洞洞，卡車晃得厲害，這一條大鐵塊險些砸在飲酒客及前來看熱鬧的人身上。

以不到五公里的時速，這趟旅程持續了三天兩夜。抵達時我們一臉驚惶、飢腸轆轆、沒闔過眼、但如釋重負、感到自豪。父親什麼都沒問，他自己把這位美麗的波爾多熟女在河岸上組裝起來。此後，每當我看著它優雅地轉動著，鋼索下搖晃著一只沙槽，宛如仕女以指尖拎著手提包，我便無法不回想起這趟擔心受怕的旅程中的點點滴滴。

　　彼時是我進入高等師範學院的第一年，在學校裡，我
的哲學探索工作落在希臘神秘主義者普羅提諾[39]及我一竅
不通、難登堂奧的德語思想家胡塞爾兩者之間。個人生活
也分配在索邦（Sorbonne）與工作服、河石與超驗、最艱
苦（dur）與太甜蜜（doux）之間。

　　一段時間後，我在吉布地（Djibouti）港[40]擔任海軍少
尉，在碼頭上沒有任何起重工具的情況下，我需要將一座
巨大的巡洋艦螺旋槳裝載到我們相形脆弱的登陸艦艙底。
正當我準備執行這項作業的時候，艦長從艦長室走下，自
高處看著我，大聲說：「別當書呆子，螺旋槳的腳包在纜
繩裡！」語畢抽身。沒有人注意到這些話，水手們一點也
不明白這一陣語焉不詳的吆喝到底是跟誰說的。當螺旋槳
終於就定位，恰當地固定在艙底時（因為它的葉片邊沿非
常薄，一陣劇烈的船體橫搖就有可能鬆脫，並刺破船體，
造成艦艇沉沒），指揮官問是誰的功勞，能馴服這隻狡獸。
我抬頭望著一片永恆的天空，回答：「報告指揮官，執行
完畢。我們抬起了它，神降伏了它。」

39　普羅提諾（Plotin, 205－270），古羅馬時期哲學家，新柏拉圖主義者。
40　吉布地港位於吉布地共和國，位於非洲東北部，位居紅海出亞丁灣西岸，此段經歷
　　與塞荷參與蘇伊士遠征的經歷有關，參見註釋 10。

　　爾後，我在橋樑或水壩這類大型工程現場見識到一些吊舉方式，我便羞於再提這類老掉牙的玩意兒。

驅蠅網大王

　　另一則有點年代的吹噓：我系出一位土地領主之門。其中一位曾祖父機靈過人，被務農的同輩封為驅蠅網之王（roi de l'émouchette）。誰懂這個詞呢？套上牛軛，牛便無法用口鼻部（museau）驅趕蒼蠅，尾巴、耳朵也搆不著，舌頭儘管夠長，可觸及鼻孔，然而用處也不大。這些可憐的牲畜飽受這種可惡的小蟲危害，它們為數眾多，緊叮著眼睛、嘴巴不放，沒有任何阻礙可以中止它們飛來繞去。

　　這位領主並未發明驅蠅網。所謂的驅蠅網是一塊大範圍鏤空的布，在耕田或拉車時，當牛套上牛軛而無法靈活擺動頭部，人們便將驅蠅網固定在牛角上，懸在口鼻部前：牛的視線既沒有被這片布網所遮蔽，蒼蠅也無法穿過它的洞眼。不過，他發明了以低廉的價格來生產，也就是今日所謂的 *low cost*（低成本），這才更 *in*（符合流行）。他以一整車一整車的量取得北部紡織工廠的次級品，然後由鐵

道運送到雷島（l'île de Ré）上的勞役監獄，再用他所發明的機器以機械化方式織成布。這些生產者的其他項目免費，勞役犯的工作免費。這些囚犯有時會滿懷喜悅的心情投入，交出帶有華麗圖飾的織布；是的，我們可見一些臻至藝術價值的驅蠅網，千真萬確具有品味的傑作……因此，他以這些製成的一片片方塊，散佈在法國的農村。在塔恩－加隆省（Tarn-et-Garonne）的凱爾西的蒙泰居（Montaigu-de-Quercy）鎮上，我的祖先成為國王。我很自豪是這個領主法定的後代之一，可不是蒼蠅、是驅蠅網哦。對地方而言，他富有，並受到尊敬、愛戴、期盼和稱頌。

好景不長，不久之後發生了讓我們這些繼承人失望的情況；因為拖拉機從田裡淘汰了牛拉的古老犁具，現在用這把透光的推剪（loup translucide）負責梳理田地；人們看到農人們端坐在遮風避雨的駕駛座上，一邊聽著音樂，一邊無庸費什麼勁地在田地上來來回回。整個童年，遭受打擊的弟弟跟我就在這座無用、滯銷、堆積在失勢王子老府邸中的驅蠅網山上蹦蹦跳跳。

後來，我不知有多麼驚訝地發現澳洲人也會在他們的棒球帽或帽子邊沿安上透明罩紗，以保護面孔免於受到兇猛難忍的蒼蠅侵害。

農夫的背

　　因此，以前，犁由一對牛隻拖著走；農夫一手需要穩穩扶住犁把，沿著犁溝對準犁頭，另一手則得引導牛隻，必要的時候還得用尖刺頂頂牛屁股。同時，農夫還需要三不五時跪下來撿拾土裡翻出的番薯。秋天，我們欣喜地採摘著樹梢上的桃和李，減少了果實的累贅，枝枒挺直身子，彷彿鬆了一口氣。打從新石器時代以來，我的祖先們便遭受背痛的磨難，如同我的父母和我一樣。黃土在下，低於雙足，為了在土地上耕作，需要彎腰拱背、勞其筋骨。因此，以前田地上農婦、農夫成群，匍匐在大地上，宛如向大地女神祈禱。身為一位星期日及都市畫家，米勒在〈晚禱〉中將農婦、農夫描繪成如同城鎮居民般地站立著[41]；這也不過只有唸誦三遍聖母經（Ave Maria）那麼久。一天

41　米勒（Jean-François Millet, 1814-1875），法國寫實風格畫家，巴比松畫派創始成員之一，以描繪鄉村田園風光著稱。〈晚禱〉（l'Angélus）繪於一八五七～一八五九年間。

的其他時間裡，他們的背飽受折磨、腰呼喊著。

勝利，他們總算站直了！

我的童年結束以來，我還不曾有過背痛，除非是在拇指姑娘陪伴下，在電腦前面待了太久。但這一類點到為止的些微（doux）疼痛無法與過去硬梆梆的土地與犁柄在身體上所帶來的那種吃不消的（dur）老式疼痛相提並論。以前，我們白天流汗，夜降而歸，通體疲憊。今日，慢跑、伸展操、以及其他英國熱下的折騰方式彌補了身體所缺乏的努力。但說到背痛，「以前好得多」。

工作時間不斷減少，現在白領勞動者取代了從前的藍領。但誰會取代農民呢？當愛抱怨爺爺出生時，農民佔人口總數的一半以上，拇指姑娘出生以來，她身邊的農民只佔百分之三點六。她看過母牛生小牛、她聽過雛鳥破殼的叫聲嗎？她嗅過糞便肥料的獨特氣味嗎？她知道這些人類的衣食父母 [42] 嗎？

42　指從事農漁牧工作的人。

寄宿學校

　　說到這種畜棚的香味，我為寄宿生、宿舍、自習及食堂的往日而謳歌。在阿讓中學，我們卅個人睡一間，在波爾多高中六十人一間，在巴黎聖傑克街的路易大帝高中[43]，有超過一百人擠在拉丁區的宿舍裡頭；姑且不論我在艦上服役時寢室裡一片密密麻麻的吊床數量，或在醫院裡不時聽聞左鄰右舍呻吟聲的擁擠病房景況。因此，我為一切皆共用的洗臉檯、淋浴間及廁所而謳歌。體育課結束或籃球、田徑或橄欖球比賽結束後，可沒有洗澡這回事；我們拖著一身臭汗去自習、上課或回宿舍睡覺。因此，這首武功之歌[44]的第一節有關氣味，宿舍很濃郁，食堂很強烈，裡頭混

43　路易大帝高中（Lycée Louis-le-Grand）為巴黎第五區一所公立高中名校，校史可上溯至十六世紀中葉，幾經更迭及不同命名，逐漸成為法國首屈一指的公立高中，培育無數菁英，光是第五共和時期就有三位總統、九位總理畢業於此。
44　法語 geste 指姿勢、動作，此處的意思源自拉丁文 gesta，指不凡事蹟。武功之歌（chanson de geste）是一種歌頌英勇戰功的長篇史詩，吟唱於大庭廣眾前。已知最早的武功之歌是出現於十一世紀的《羅蘭之歌》（Chanson de Roland）。

雜著菜餚、碗碟、外加腋下的香味，課堂上的味道更加輕飄飄的，在我們這些一身灰色開襟工作服（blouse grise）、泰半穿膠鞋、沒爹沒娘的寄宿生中間，通勤生帶來了受母親寵愛、衣著時髦、早上有人親吻的孩子的香味。

當然，我們也享有自由，那種每週一次在清晨五點淋浴的自由；一位舍監拿著鑰匙把上鎖的寢室門打開，一邊拍手一邊喊叫來弄醒我們：淋浴！去淋浴！猜猜我們當中有幾位勇士能夠馬上起床，然後近乎全裸地邊跑邊穿過分隔宿舍與浴室的兩個院子，尤其在十一月到隔年三月間那些籠罩在寒霜、北風、薄冰下的幽黑早晨。詩歌的第二節隱晦一些，所要描繪的是廁所裡令人作嘔的恐怖，以及受到這個又稱方便之所的地方[45]所誘導出的私密行為。不過，我已經講過凡爾賽宮中拖行著穢物的貴族了。

我所經歷過的團體生活還有更甚於此的嗎？除了夜晚，躺在床上一片漆黑中，在入睡前片刻，四周充斥著叫聲、鼾聲、抱怨聲、吵鬧聲，並瀰漫著某種味道，我從沒獨自一人。內心孤獨，卻從未獨處。我在這裡經歷過可怕

45　廁所又稱為 cabinet d'aisance。aisance 單獨看，有自如、自在、輕鬆、寬裕等意思。

的孤獨時光，但是也有我在別處很少感受到的些許天堂般的片刻，被一種真正的博愛所圍繞，這無疑地是在強制勞動的禁慾主義及同甘共苦的強烈快樂這樣的條件下所產生的。

後來我在桑德監獄[46]任教，當我知道設計這座監獄的建築師跟設計我學校的是同一位，而我在學校的庭院及廊道中度過了那麼多的甜蜜時光，我並不特別感到訝異，乃至於當我走入其中一處，便立刻想起另一處。住宿生，如囚犯。

「在裡頭，以前有多好。」

---

46 桑德監獄（La maison d'arrêt de la Santé）位於巴黎第十四區桑德街（rue de la Santé）。

日常旅行

出外呢？從利物浦出發，我連襟兄弟的父親搭乘帆船途經南美洲尾端的合恩角，最後抵達舊金山，加上旅途中的波折，這趟旅程一共航行了六個月。船帆下，搭載了三百噸水泥，用來修復一九〇六年舊金山大地震造成的損壞。不久之後，某次他搭乘一艘蒸汽船，由於螺旋槳故障，讓他在一個印度的港口耽擱了六個月，也因而有機會得以造訪喜馬拉雅山。後又因中日戰爭受困上海，第二次世界大戰接踵而來，他與家人分隔超過十個年頭，留在法國的妻小只能自己想辦法謀生。地理上的寡婦與鰥夫。

我的朋友在隆河河口省從事蔬果出口貿易，在一九三五年前後，他一共花了八天時間前往愛丁堡探望客戶：他先從所居住的村莊搭乘馬車抵達馬賽，過一夜；搭上火車，在巴黎的里昂車站下車，睡一晚；搭乘渡輪穿越

加萊海峽；在英格蘭多佛（Douvres）過一夜；抵達倫敦，
再過一夜；抵達愛丁堡，過一夜；最後一段，蘇格蘭方面
的接應人安排他搭上馬車，完成了這段旅程，就如同他出
發時的情況一樣。今日，同一段旅程會花幾個小時呢？

　　一九五〇年代，還是個年輕學生，我搭乘十七點卅分
的慢車，從位於洛特－加隆省的阿讓市出發，隔天早上九
點抵達巴黎奧斯特利茨車站，由於座位不夠，我站在車廂
走道上度過了一夜……佩里格、利摩日、拉蘇泰賴訥，半
夢半醒間耳畔響起喇叭的嘈雜聲所播報的站名。到站下車，
我感覺一陣清新，有如一朵春日玫瑰，尤其因為車廂內五
味雜陳，為了呼吸一口新鮮空氣，途中我三不五時打開車
窗，但迎來的卻是滿臉車頭煙囪吐出的煤屑。

　　「以前好得多。」

通訊

以前，我曾幹過水手。我們的船艦要在索馬利亞的一處港口停留一段時間，我寫信給未婚妻，當時她在波爾多工作。兩座港口城市，因此兩地間的快捷通訊可說是掛了保證！我們互相寄出的信件需要將近一個月的時間才會送達對方手中。她親切地回應著我寫信時的心境，我帶著感激回應著她感受的對應狀態。這段距離讓每個人都在等待中忘記或幾乎忘記對方描述的那種微妙而脆弱的情感。因此，每封往返的魚雁都以一種難以解讀的方式編碼著。人們應該會說赫耳墨斯[47]還沒有出生吧！

手機所帶來的奇蹟超乎想像，無論怎樣的間隔與距離，一聲嘆息、一絲坦露便如同一道光束般地穿越空間。感動交會了，感覺交融了。這是何以直到我髮蒼蒼之際，

47　赫耳墨斯（Hermès），希臘神話中的神祇，宙斯的信差。

情書（correspondance d'amour）才終於誕生。現在，手中握住你的靈魂，遠在澳洲的拇指姑娘對著在法國芒特拉若利的拇指先生（Petit Poucet）唱著戀曲（chanter），拇指先生手中也握著她的靈魂，讓她樂開懷（enchanter）。

噢，塞維涅夫人 [48]，那些昔日往復間的雞同鴨講正在何處沉睡呢？

以前，身處在一個到處不連貫、碎裂的空間中，我們孤立地生活著。我們對鄰近農場裡的生活、村落的一些風吹草動所知不多，而對於鄰近主要城鎮的事情則幾乎一無所悉；如果不是靠著一些口耳相傳，我們怎麼可能知道巴黎及國外發生的什麼事情呢？在戰爭期間，政治宣傳強化了這種通訊方面的阻礙。我不認識有誰真正聽過戴高樂將軍六月十八日那段著名的號召。每個交戰國都被敵人的廣播干擾所淹沒。我們聽到的所有消息都模糊不清。剩下的依舊是人們傳聞的謊言。訊息的缺乏迫使一些人做了錯誤的選擇及犯下罪行。原諒其無知吧，而非控訴背後有著可怕的意圖。這就是從前的通訊。

48　塞維涅夫人（Madame de Sévigné, 1626-1696），法國書信作家，運筆生動風趣，反映出路易十四時代法國社會縮影，以女兒為主要通信對象，每周二至三封，歷時廿五年，數量龐大的書信自一七二五年後陸續整理出版。

　　後來，我必須估量好取得知識的距離。要使用圖書館、大學及檔案中心，最好住在巴黎或大城市裡。從前，為了取得一則情報、一段引文，可以花上好幾天的旅程及好多個小時的搜尋。今天，只須滑鼠一點，我們便在百分之一秒的時間內取得相同的結果。以前，科學知識被集中於一地，就集中在這裡及那裡，但別處則少有。現在，知識幾乎無處不在。

　　是的，拇指姑娘知道一切。然而，坐擁資訊，不總是坐擁知識。

集中與分配

　　以前，什麼都集中。人集中在城市、不知多少噸的黃金集中在法蘭西銀行地窖裡、藝術傑作集中在博物館、水資源集中在大壩後的湖中、圖書集中在圖書館裡、實驗集中在實驗室裡、天空在天文台裡、孩子在學校和教室裡、年輕人在大學的階梯講堂裡、民眾在電影院裡、士兵在軍營裡、顧客在大賣場裡、病人在醫院裡、商品在倉庫裡、國會議員在國會殿堂裡、國家領袖在愛麗舍宮、白宮、卡比托利歐山[49]或克里姆林宮，注意那些大寫字母……彷彿所有以各種方式囤積起來的事物都適用於大寫字母一樣！如今，無論是金錢、商品、還是權力……都在一個巨大的分配網絡中流通，每個人掌握訊息。流動（flux）擊敗了囤積（stock）。訊息——也就是說軟的（doux）——打敗了

49　卡比托利歐山（Capitole）是義大利羅馬市內的一座著名山丘，上有文藝復興巨匠米開朗基羅所設計的卡比托利歐廣場。

能量，也就是說硬的（dur）。

　　集中的情況變少了……那麼權力會到哪兒去？在資料的集中上嗎？

　　當愛抱怨爺爺把過去當現在，他以天文數字的造價，找人建造了四座巨塔[50]，將往昔的書存放在這裡，巨塔的樣子就像十七世紀精通天文的印度國王命人建造的日晷，殊不知就在西邊遠處有一位名叫伽利略的人發明了天文望遠鏡，其準確程度足以讓這些日晷過時。猴子很快就在高牆間跳躍，日晷的軸線（axes）很快便閒置不用了。在餐桌上，愛抱怨爺爺難道沒有聽到親友或更確切地說他的孫子孫女說到維基百科及其他的搜索引擎、其快速的靈活性讓每個人無須出門便在螢幕上獲得所有想要的頁面嗎？愛抱怨爺爺要讓拇指姑娘別說了嗎？然而，她可沒有住在離他千里遠的地方啊！我們將來會讀到過去的一幕：在這些塞納河邊的高塔裡，沉醉在書中的老鼠跳躍著，如同在印度那些天文猴子嘲笑著。

50　四座巨塔暗指位於巴黎十三區以四棟高樓所組成的法國國家圖書館（BnF）。

食物來源

　　愛抱怨爺爺說，以前，在餐桌上，我們喝的、吃的都是自然的、真實的東西。啊！來源清楚！我們知道牛奶從哪兒來：格雷戈里的牧場，我們偶爾會過去幫他擠侯爵夫人或波妮特的奶，兩隻都是阿基坦黃牛（blondes d'Aquitaine）。但是，這位牧場主人愛財，不常請獸醫，因此對於牲畜疫情的掌握就慢了點，我因此在廿歲時感染了口蹄疫。我們死不了。不，不值得為了這種疾病撲殺數千頭牛。它只會讓你持續發高燒兩週，口腔、舌頭、牙齦和顎部潰爛，疼到讓吃喝都變成折磨。家裡沒人想到要責備格雷戈里，他一如往常繼續到城裡市場賣牛奶。就我所知，從前沒什麼值得特別注意的傳染病。

　　是啊！來源清楚！我們非常清楚火腿是從哪兒來的：豬是在普萊賀農場養肥的，我們在稱作烹豬節（cuisine du

cochon）的冬季節慶期間宰了它，下刀前先把豬隻從後腿處吊掛起來，可憐的叫聲在家裡迴蕩著。掛在地窖幾個月後，豬腿需要用利刃清除骨頭和脂肪間的蠕蟲，奮力將我們享用肉品的直接競爭對手驅離。誰將會否認在豬腿上的蠕蟲在從前維護、甚至有利於生物多樣性呢[51]？

是啊！來源清楚！至於麵包，它的麵粉出自我們收穫並自己扛去磨坊的小麥。一天早上，午餐時間，在還沒塗奶油的情況下，我甚至在一片吐司麵包上找到了麵包店學徒口嚼的菸草。所以，沒錯，我們到麵包店表達不滿。揉麵的老師傅大笑起來：「在這方面，您可真是一竅不通！在烤箱的高溫下，我的細菌，如果真有，不過我不信，也早就被高溫烤死了，你不會染上我的淋病（chaude-pisse）啦！」

如此，我們一家每年至少要拉肚子六次。在戰爭及戰爭結束後的幾年間，我們經常挨餓；在高中食堂裡，我們寄宿生吃的通心粉上還爬著蛆。是啊！好一個生物多樣性。

「以前有多好、料多、味美」。

51　塞荷反諷地說。

是啊！來源清楚！我們居住在加斯科涅地區的一個小角落[52]，那裡沒什麼畜牧的傳統，餐點結束前，我們吃的是康塔勒乳酪（cantal），那是從遙遠的山區下山的北邊奧維涅居民途經本地時所賣的。我們喜愛它只此一味的獨特性，因此管它做「桌上乳酪」，與它原本的名字全然無關，而是用乳製品的普通名詞來稱呼。我的諾曼第朋友們吃主教橋乳酪（Pont-l'Evêque），薩瓦（Savoie）人吃瑞布羅申乳酪（reblochon），他們一定也帶著同樣的非他莫屬的意識。換句話說，以前，每個人活在自己的角落、吃著自己的乳酪。

我愉悅地回味起，在二戰結束後，弗赫姆乳酪（Fourmes）、庇里牛斯乳酪（Pyrenees）、康希優特乳酪（Cancillottes）、聖內泰爾乳酪（Saint-Nectaire）和主教橋乳酪……是以怎樣的速度開始四處流通。一時之間，食品行（BOF）[53] 的貨架宛如一張攤開的法國地圖，也就在同一個時期，戴高樂將軍說，他發現法國人民以及他們在氣味

52　加斯科涅（Gascogne）是法國舊省分，位於法國西南部，涵蓋今日的阿基坦（Aquitaine）及南部 - 庇里牛斯（Midi-Pyrénées）西側。

53　BOF 是食品行的舊稱，源自奶油、蛋、乳酪（Beurre, œuf, fromage）三類產品的首字縮寫。

上、文化上無法統御的多樣性。伊鳳姨媽的丈夫[54]看來並沒有向多樣性低頭。

　　一天早晨，我的祖父震驚地看著這張比利時人的餐桌，他大聲呼喚：「米榭，快過來看看，他們吃奶油！」在一幅對他而言不可思議的畫面前，他看得出神。事實上，過去法國也分裂：北部人在切片麵包上塗奶油，南部人在硬麵包上淋上橄欖油，再搭配些他們說的 Ave，也就是一點大蒜。以前，我們也有著自己的一門民族學[55]。

54　伊鳳姨媽（tante Yvonne）是戴高樂夫人的暱稱。
55　民族學（ethnologie）研究不同民族的社會與文化。塞荷以此來強調法國從前也具有各地不同語言、文化的多樣性。

語言與口音

　　這一丁點兒大蒜，我們也在舌尖上表達著它。當年我們很難相互聽懂，我的意思是語言的疆界跟乳酪地圖上的疆界一樣多。在沙托蒂耶里 [56] 出生，我的朋友菲利浦從香檳區南下來加斯科涅探望我，沿途問了十次路，對方聽不懂，也無法回答他的問題。而在這些對話裡，沒錯，每個人講的都是法語。在法國各省地圖上，口音描繪出一種喧鬧的混亂場面，所以對於一位阿基坦人（Aquitain）而言，要造訪侏羅或阿登 [57] 一帶可能困難重重或甚至不可能。

　　由於我的奧克語口音，我所受到的屈辱可比一位說易洛魁語的美洲印第安人 [58] 到了波斯境內或一位非洲人到

56　沙托蒂耶里（Chateau-Thierry），又譯蒂耶里城堡，位在巴黎西邊略北約九十公里的小市鎮。
57　侏羅省（le Jura），位於法國東邊，與瑞士相鄰。阿登省（les Ardennes），位於法國東北邊，與比利時相鄰。
58　歷史上居住在紐約州北部、加拿大安大略湖一帶的數個印地安人部族，說易洛魁語

了美國深南方⁵⁹所遭受的羞辱更多。在海軍學校（l'École navale）的口試中，聽力測驗需要以宏亮而清晰的聲音來回答，我惹起了止不住的哄堂大笑，場面被負責口試的醫官刻意地延長，他不厭其煩地要我不斷重複說「quarante」（40）。哲學會考時，我的排名被調後，考委會主席是一位知名的哲學家，他說這是因為無法派任我到法國各地。我不懷疑他說的有道理，因為我們相互聽不懂。我的第一份工作在奧維涅，學生們私下悄悄地說我應該是義大利人。在巴黎，為了去任何櫃檯接洽，無論是在郵局、車站或劇院，我都必須花很長的時間練習足夠「法國式」（francité）的發音，好讓服務人員很願意來處理我的問題，而不會先爆笑起來，這就如同在英國轉機時，無論在倫敦、卡爾地夫（Cardiff）或愛丁堡時，大家所做的一樣，或是在義大利轉機，人們在米蘭和布林迪西（Brindisi）時所做的一樣。我不確定今日對一個北非裔法國人、一個移民，無論他是非洲人或羅馬尼亞人，當他說出一口跌跌撞撞的法語時所感受到的屈辱是否更勝於我因為母音發音所遭受到的屈辱。比起這些聽我說話就愛抱怨的爺爺，拇指姑娘擁有一

（Iroquois）。

59 深南方（le Deep South），或稱下南方（Lower South），是美國的一個歷史文化性的地理區域名稱，曾是最仰賴農業及奴隸制度的地區，又稱棉花州（Cotton States），與之相對的是上南方（Upper South）。

副更包容差異的耳朵。

　　在索邦的一場論文答辯中，我聽到口試委員會的成員在聽眾面前取笑這位獲頒證書人的魁北克口音，儘管後者在其研究領域裡是世界級的專家。巴黎的這些學界大師將這位加拿大學者當成北美平原上的印第安人來對待。在那邊，說英語的人對說法語的人喊 *Speak white* [60]。我這位拉瓦爾大學（l'université Laval）的朋友比我更慘，在巴黎遭受到的羞辱跟在加拿大的情況一樣嚴重。電視消弭了這一點。時下潮流所趨讓聽到魁北克和加斯科涅不再那麼丟臉。

60　Speak white 意思是說英語，是加拿大英裔人士用來要求其他語言族群在公眾場合說英語的話語，特別是針對法裔人士。

穿著與寢具

　　從聲音到雙腳，來說說我們所穿的鞋子。以前，它們硬梆梆的皮革讓腳跟及腳踝受傷。為了讓鞋子變軟，我們必須穿著走上好幾個星期，因而腳趾冒出水泡、雞眼和繭。聽說有錢人會請僕人先穿新鞋兩個月，好讓鞋子變軟。

　　這方面也變巧妙了，過去的幾十年讓所有的衣服都變得柔軟起來。即使是過往用塑膠模造、難穿又傷腳的登山鞋，現在對我們的腳趾頭而言也變得柔軟如毛皮襯裡的夏朗德軟鞋（charentaises）。什麼樣的仙女魔杖把我們從前一雙有如鎳鍍的腳（pieds nickelés）[61] 變成了軟毛便鞋？

　　床。沒有暖氣，整個冬天臥室都很冰冷。爬上床，鑽進又濕又冷的床單被褥之間，需要一股英雄氣慨。家鄉的

61　Avoir les pieds nickelés 指拒絕走路、行動、自甘懶惰。塞荷在此的意思很單純，就是指過去的鞋子讓腳如鍍鎳難行。

農民發明了一種長方形木框，中間懸著一只鍋子，裡頭再裝滿從廚房火爐中取出的木炭。奇蹟啊，我們躺入了一張天堂般的暖床！對這套做法，阿基坦的俗語說：我們用<u>僧侶</u>（moine）暖床。為什麼僧侶？米榭爺爺也搞不清楚。

　　戰亂導致一些北方人到南方逃難，如皮卡第人或阿爾薩斯人。終戰之後，各地民眾回到家鄉。如此，法國解放後，重回巴黎老家、氣質優雅的年輕金髮女孩到第六區的五金行想買一個僧侶。「一個僧侶？」店家驚呼，儘管他無疑是名反教權分子。「小姐，你要做什麼呢？」「不就是要放在我的床上」，她一派貞潔而無邪地回答著。

性

　　貞潔，我說到貞節。以前，我們從不談這個。禁忌。假如一個人因為噁心而胃裡一團糟，人們得說他 mal au cœur（噁心）。廿世紀中期，我們的伴侶發現了初問世的 soutien-gorge（胸罩），這裡的 gorge（喉嚨）是指乳房[62]。為了避免低俗的字，關於身體的字從腰部開始、朝頭部向上發展。低於胃部的，那已屬未知之境（terra incognita）。自然史教科書上的裸體圖像在兩腿間留下一片空白或覆上一片葡萄葉。為什麼是葡萄藤的葉子而不是梧桐樹或香蕉樹？一套專門術語僅限俚語、幾個學生間、廳堂內及軍哨站裡，而淫穢歌曲和拉伯雷式的故事[63]則造福了青春世代及一些自由放蕩的低俗作家。

62　mal au cœur 指噁心，但單就字面意思來看是指心（coeur）痛；同樣地，soutien-gorge 指胸罩，但字面意思為喉嚨－支撐。

63　拉伯雷（François Rabelais），十六世紀前葉法國作家。

從前，在城市中及游泳池裡，女人們歷經緩慢的過程才讓身體展露出來。大多數達到適婚年齡的男孩和女孩對這方面極無知。一位二戰期間反抗運動的女英雄，因其功勳彪炳頗具知名度，乃至於巴黎的一條街便以她命名，她的產科醫生告訴我，在戰爭期間，身為小學老師的她懷孕六個月，她問小孩從哪裡生出來？這位專家回答說，小孩會從他丈夫偶爾造訪的通道出來，她聞之大驚。別忘了，在小學課堂上，這位老師還向學童講解過小小的種子如何使樹木及麥子繁衍。另一位知名的婦科醫生提到，一些婚逾多年的夫妻因不孕前來問診，在醫生問過幾個問題後，他們承認自己從肚臍做愛。向學生進行性教育似乎是不可思議的，甚至是邪惡的。關於離婚的人就只會成為負面新聞。

人們從不談強暴。在所有這類案件中，沒錯，人們審判的主要是女性的罪責，男性有權像公雞一樣行事。青少年遭受親人性虐待的數字直到近日才公開。同樣地，不久之前，我們才驚惶地發現，平均每兩天就有一名婦女因丈夫或伴侶的暴力而喪生，每週有兩位孩童死於父母的拳打腳踢之下。另一記拳，別忘了還有弒父！對家庭生活的讚

美從來沒有提到過這些親密關係下的悲劇。

在戰爭前及戰爭結束後很長的一段時間裡，梅毒及其他性病肆虐，並導致相當比例的人口死亡，沒有可行的治療方式或相關認識。它們散播著此般恐懼，以至於所有沉默、所有虛偽無疑地可以從這種恐懼上頭獲得理解。出於恐懼，有必要將被賦予神聖性質的家庭彰顯出來，而將不名譽的性隱藏在陰暗中。

電光仙子

　　陰暗。電力普及的過程非常緩慢。一九五〇年代巴黎奧斯特利茨車站。出站的旅客可在鄰近社區的牆上看到一些海報表達心聲，要求將電力輸送到這些樓房，好帶來照明及溫暖。等電的過程泰半是很漫長的，來電前只好繼續忍受寒冷，以蠟燭照明。有錢人自掏腰包，點起既嗆鼻、冒煙、還發臭的煤油燈。當我們走在冰冷廊道中，手持燭台，隨著行進的氣流讓燈芯搖曳，燭光將影子投射到牆上，光影舞動，彷彿全副武裝的妖魔鬼怪自幽冥中現身。因為所謂的啟蒙世紀[64]仍然停留在燭光照明的時代，一直要到電力普及，迷信所編織成的驚恐才徹底被掃除。儘管黑暗

---

[64] 啟蒙時代（siècle des Lumières）指十七、十八世紀興起於歐洲的一場思想、知識及文化運動，表現出對理性之光及知識力量的樂觀。法語中，啟蒙時代字面意思為光之世紀，塞荷藉此關聯上此處關於電力、光明與黑暗的討論。

離去的腳步猶近，今天誰還記得這些漫長的黑暗歲月呢？

愛抱怨爺爺，陰暗，忘了嗎？

醜與美

　　也該說點愛抱怨爺爺的時代比較光明之處。沒有什麼事情是單面的。比方說，我們可以一起造訪我們城市的入口吧，無論城市規模是大或小。往昔，我們途經此處，我的意思是從農村進入城市，兩者銜接的過程是連續的，甚至非常的細膩。還長著草，城牆也在眼前；還有若干的麥田、葡萄園、牧地，不過消防隊員也已經駐紮在不遠處的營房裡。農夫還守著田園，但城市居民也已落戶於此；一方的生活空間舒緩地轉換為另一方的，兩方都以一種身心獲得調劑的方式，經由這道宜人、有時甚至饒富興味的閘門從一端走向另一端。貝亞恩地區的波城（Pau）的城鄉閘口與阿爾薩斯地區的米盧斯（Mulhouse）的閘口截然不同，布列塔尼地區的布雷斯特（Brest）的城鄉入口也不同於加斯科涅地區的阿讓的過道。

　　這方面，確實是以前有多好。因為在此後，無論是在法國的哪個城市裡，恐怖無一例外地主宰了這些地方。書寫的在此殺死了構築的，廣告展現其厚顏無恥，以五顏六色的刺目方式喧鬧著，醜陋凌駕一切。是在怎樣的奇蹟之下，讓甜蜜的法國（la douce France）大幅度地接受在世界金錢霸主粗暴及反覆的肆虐下被釘上十字架？為什麼凝望著崇高的大教堂及神聖的風景而養成的都市計畫者、市長及建築師會如此迅速地忘記了他們國家的高尚品味而如此卑屈地複製著美式的醜陋？為什麼具理性的群眾沒有在覺醒後的正當憤怒下摧毀這些可憎的東西呢？在金錢的語彙及統治下，我們輸入了糟糕的品味，我們的美感飽受摧殘。

　　沒錯，愛抱怨爺爺，在這方面，以前有多好。

　　我想藉此機會說一下我年輕時期的好友伊薇特的故事。她住在阿讓市瓦朗斯街區（le quartier Valence），距離軍營不遠，也就是奇蹟中庭（la cour des miracles）一帶。她的母親以往都到加隆河畔浣衣，父親過世。這裡的三處住宅共用一只鍋子，所以鄰近上百戶的人家不怎麼來這一帶。廿年後，伊薇特擺脫了貧困，嫁給一位卡車司機，跟小孩在米米讓（Mimizan）海邊度假。一個美好的早晨，我

們重逢，在不單是禮貌性的熱情親吻後，她開始回憶舊時光。「確實，她說，我們不是每天都可以吃到甜點，但是米榭，還記得嗎，大家生活在一起。」在一起。「是的，大家互相幫助，成天有說不完的話，現在，我們孤獨地各過各的。」伊薇特哭了起來。是的，愛抱怨爺爺，以前，我們享受著共同的生活，儘管亂成一團、愛說長道短、爭吵不休、並穿著千瘡百孔的內褲及洋裝，但是人與人之間既溫暖又友愛。

等待中我們交談

以前，我們不停等待。等待著收成、春天、雨水、葡萄採收、聖誕節，等待著郵件，等待著音訊全無的出航者之返航，還有永遠等不到的痊癒或飽足。幸好，我們讀著全套數卷的長篇小說，而故事裡女主角也等待著愛情。但是，在這當中，我想：就像包法利夫人（Madame Bovary）真正做愛的次數比起在夢裡及等待中所虛擬的次數可能少上十倍。對所有的人而言，情況難道不是一樣嗎？我們四分之三的行動難道不是虛擬的嗎？

現在誰還了解我們曾經等待到何種程度、耗盡了多少耐性？*Longitudine dierum replebo eum*：我用漫長歲月來填補它。誰會去估量宗教、文化、文學和詩歌、道德、哲學，是的，全部……在多大的程度上應該歸功於欲望永無止盡地懸在半空中呢？挫折，您曾經這麼說？今天誰能夠正確

評估這種在即時中通達任何地方、任何人、任何資訊的完全可及性、通訊之立即性、以及偶爾感受到的全然飽足感（assouvissements）的價值呢？

媒體

　　在海軍服役時，我聽說當年在萬國博覽會結束後，巴黎鐵塔準備要拆除，當時的土倫市長艾斯卡特菲格（Escartefigue）先生有意買下，並計劃在法宏山頂（mont Faron）重建高塔，您可以估算看看，這樣做的話，這座燈塔將達到何等高度、照射出來的燈火可及範圍有多廣！然而，當年才剛起步的廣播需要高聳的桅杆來發送其電波。基於這個因素，政府反對海邊重建的計畫，在那些期盼它消失的品味人士的傷心憤慨之下，鐵塔不但完整地屹立在巴黎，讓他們更為憤怒的是，還成為首都或幾乎是全法國的象徵。

　　為數有限的發射器位於上游或高處，數量眾多的接收器位於下游或低處：電波、新聞及一般通訊的傳播都採

用與艾菲爾鐵塔一模一樣的模式，基本上是一種權力的金字塔結構。書寫的、視覺的或口說的，傳統的媒體以往全都以這種束狀（faisceau）的形式傳播，至今依然如此，也就是從一個狹小的傳播者圈子向數量龐大的接收者傳播，他們有如乖乖坐著聆聽主人聲音的小狗。如此，這種形式助長了在源頭便將資訊把持住，也助長了一個為了自身利益而想讓這種傳播形態維持下去的壓力團體的形成。如此，它所助長的不是知識而是權力。被第四權所套牢（enchaînés），這就是表達出這種狀態的字眼，聽命於它，被它重複傳播的訊息所形塑。我們最後懷疑它、有時厭惡它。

拇指姑娘告別了它。因為，從現在起，包含她、我、你、我們、你們，全部都同時身兼發送者與接收者。艾菲爾鐵塔的底端取得與頂端同等的尊嚴，我們一致希望頂端終將消失。幸運的是，我們不會再搭建相同的高塔。我們不再以這樣的方式思考我們的關係或社會。我們不再相信這種古老的政治，也不再相信這些古老的制度，它們曾經是如此穩定，以至於從埃及金字塔到艾菲爾鐵塔，它們的

形式結構保持不變，總是在共和外表下的專制。

民主向前行；更好的話，它會誕生？

Da capo[65]：回到政治[66]

　　我談的是往昔的共和國，在裡頭我們呼吸著自由，愛抱怨爺爺說。拇指姑娘回答說：我們把這些共和國拿來跟現在（maintenant）比較吧，來跟這個即時來比較。在法語中，即時由 maintenant 這個副詞表達得如此貼切，因為她說這個當下（présent），我總算握在手中[67]：« maintenant, tenant en main le monde »（現在，世界握在手中）。她一邊說，一邊揮動著手機。

　　往昔，誰能夠喊出這樣的主張，她問？是那位高乃依（Corneille）讓他說出：「我是自己及宇宙的主宰」[68]的浮

65　da capo，義大利語，指從頭、重新、返始。
66　塞荷此處用的是陽性的「政治」（le politique），以區別於一般常見的陰性用法（la politique）。參見 51 頁註 23。
67　法語的現在（maintenant）單字中包含了手（main）、抓住或持著（tenant 是動詞 tenir 的現在分詞）。
68　高乃依（Pierre Corneille, 1606-1684），法國十七世紀劇作家、詩人。引文語出一六四一年首演作品《西拿》（Cinna）第五幕。

誇之徒羅馬皇帝奧古斯都嗎？是在凡爾賽宮的太陽王嗎？
在克里姆林宮的某個暴君，還是在證券交易所的某個富有
的億萬富翁？無論如何，總是些盤據在艾菲爾鐵塔頂端極
其少數的人，並盡可能遠離地面和人民。現在，正好，卅
億七千萬個手裡握著手機的拇指姑娘可以在世界上宣告這
句格言，更好且意思更貼切地說，宣告這份「宣言」。

　　這裡是一座沒有塔頂、沒有高峰的新塔底端。有多少
個接收者，就有多少個發送者：大眾終於也得以發送。這
勾勒出一種新的通訊空間，以網絡或交織（entrelacs）為形
式，從而實現了先於民主的烏托邦。說得更清楚：烏托邦
不是一個未存在的地方（non-lieu），而是一個既真實又虛
擬的地方。換句話說，是一顆炸彈！

物種的偉大

聽聞至此，擁護戴高樂將軍的愛抱怨爺爺於是跳了起來、坐上他高大駿馬拉的馬車上，漫無對象地說：以前，法國是世界上最偉大的國家之一，然而今天卻……的確，拇指姑娘盡可能以最溫和的方式說，不過您所說的偉大是什麼意思呢？在這些令人眩目的歷史高峰上，無論是路易十四、羅伯斯比爾[69] 或拿破崙，他們在格列夫廣場[70]、俄羅斯、埃及和義大利殺死了我的祖先，其人數以數萬、數十萬計。甚至一場戰役死了五萬人，沒錯，僅僅一天、不過十來個小時內，就像在埃勞[71] 或莫斯科瓦[72]。每分鐘有多少

69　羅伯斯比爾（Maximilien de Robespierre, 1758-1794），法國大革命主要人物之一，一七九三年雅各賓黨專政時期的領導人物，主政下的「恐怖統治」導致成千上萬的人走上斷頭台。

70　格列夫廣場（la place de Grève）位於巴黎市政廳前，從中世紀以來，此處是巴黎大部分死刑的行刑地點。一八○三年改名為市政廳廣場（Place de l'Hôtel-de-Ville）。

71　埃勞（Eylau）位於東普魯士（今俄羅斯加里寧格勒州轄下），埃勞戰役發生於一八○七年，法、俄大軍對陣，傷亡慘重。

72　莫斯科瓦戰役（Bataille de la Moskowa）發生於一八一二年，由拿破崙一世所領導的法軍對壘俄羅斯帝國軍隊，是拿破崙征俄戰爭中最血腥的一場戰役，雙方投入廿五萬士兵，造成七萬人死傷。

具屍體呢？其目的為何呢？除了想在歷史上留名，然而最終卻總是失敗。為了爭第一，然而最終卻讓自己走上斷頭台或被監禁在聖赫倫那島上？對人民、對他們自己的運命而言，都為此付出了慘痛的代價。誰曾經從這些受害者、這些亡靈、還有我們的角度來寫歷史呢？

生物界的情況也一樣：讓我們從人作為一種生物的角度，並以整個人類的情況來舉例說明。在持續與各種物種對抗、利用它們、追捕它們、寄生其間、毀滅它們的做法之下，我們設想有一天最終時刻來到，其他物種全部都消失殆盡。地球上最強的、最偉大的、最有力量的、生存鬥爭的勝利者獲勝了。因此，地球上只剩下他，沒有母牛、沒有樹、沒有小麥。他吃什麼呢？以他的同類、他的妻子、他的兒子、愛抱怨爺爺及拇指姑娘當早餐嗎？

我想像一部受社會達爾文主義所啟發的小說，生存鬥爭正如火如荼地在其中進行著，在終結時刻，一個物種取得勝利。現在，輪到它了，這個獲勝的物種孤獨地生存在地球上，如同人類因勝利而死，這個物種也可能因之而亡。於是，在滅絕之前，為了自保，它即刻決定不再凸顯自己，

自此退居更不起眼的位置上。最重要的是，它學到永遠不再爭取勝利，經由慘痛的代價，它知道勝利所要付出的是什麼。因此，在它退讓下，故事進入第二幕，另一個時代開始，另一場戰役如火如荼地上演，以另一個物種獲勝而告終，整件事情又從頭開始。再一次地，現在輪到這個物種面臨著死亡威脅，於是它又迅速退讓。最終，故事所要訴說的教訓是：所有物種，細菌、菇類、動物、鯨魚、植物、紅杉……是的，在這場激烈、險惡的磨難中，所有的物種都曾經擁有過機會，一個接著一個，都在獲得勝利後，退讓並回到共同的森林裡，在其他物種相伴之下，回到每天上場、所有物種相互對抗的小小戰爭中，誰輸了就贏，誰贏了就輸，全部的物種最後都能繼續繁衍、有東西吃。

　　這就是為什麼所有的物種都害怕人類：每個物種都知道真正的叢林法則，也就是我剛才所說的，最要緊的是不要贏，但人類、這個最後輪到的物種，仍然不明白這個道理。因為他還沒有贏過。幾百萬年以來，我們就在這裡，現在輪到人類了。他抗爭、奮戰、發明了一切、他最終會獲勝。明天早上，就在獲勝的同一天，他將獨自生存在世界上，將被迫退讓，如植物中的紅杉、動物裡的鯨魚、細

菌、菇類及苔蘚曾經退讓過的情況一樣。如果人類想要生存下來，趕快離開高位並退返到共同命運（lot commun）裡頭。在死亡的威脅下，人類要快、要趕快。

小

對生命物種有道理的事，對國家及政府也一樣成立。孟德斯鳩問道：羅馬人淪亡的原因何在？他似乎沒有看到歷史證據所給的答案：正是由於他們的偉大。沉淪的原因在此：處在高位的頂端，不穩定的平衡狀態很快便失衡。羅馬帝國佔領了歐洲、部分非洲及一小塊亞洲，很快地內部空虛，這麼大的帝國就開始崩潰。毗鄰的野蠻民族們可以鑽入這塊鬆軟床墊。有人問，那麼這些文明又為什麼滅亡了呢？因為它們想在各方面都獲勝，成為最偉大、最強的及第一名，並且為此而毀滅其他人。在我所出版的前一本書裡，我非常喜歡從受害者的角度來評估它們，即它們走過歷史所留下的屍體數量。就在它們握住世界勝利的同時，就如同剛才所說的獲勝物種一樣，這些強權也開始走向滅亡。愛抱怨爺爺，還記得史達林說的嗎：「梵蒂岡，

有幾個師？」結果讓紅軍洩氣的卻是若望‧保祿二世[73]，一位沒有大砲、一身長袍的矮個子波蘭人！*Über alles*（超越一切），希特勒喊道，榮耀歸於雅利安種族！而最終他在碉堡裡自盡。這些偽巨人在他們堅不可摧的鎧甲中掙扎，在他們想像的尺寸巨大的陰莖下垂危。正如同在全面勝利降臨前，來不及將自己變小、回歸到原本的行列中的恐龍一樣。哎呀，不是，我搞錯了：牠們都變成小鳥了，這麼一想，牠們都還在，就在我們周圍飛翔著！牠們決定要存活下來，即便以另一種形式活著；更好的是，牠們選擇了弱（faiblesse）才倖存下來。

我們具有一個千載難逢的機會，拇指姑娘跟愛抱怨爺爺說，別再覬覦任何具有頭銜的角色。讓我們回到行列裡頭吧，您看我的翅膀，我們一起變成鳥，這就是長生不死的最佳擔保。如此，活著，我們別再把力氣投注在戰爭、衝突及一切瘋狂的爭鬥上，僅為了臻至頂峰，如此，我們可以愈加平凡地創造大教堂、知識定理、小說及詩歌，共享的作品、柔和的光、擴散的愛。瘟疫來自權力與榮耀，

73　若望‧保祿二世（Jean-Paul II, 1920-2005），波蘭人，一九七八年獲選為第二六四任天主教教宗。

這些害死人的東西；瘟疫，人類走過的這段歷史。競爭去死吧，死亡去死吧。

那麼，為什麼我成為這個時代的女主角呢？拇指姑娘幽默地說。因為，我就叫做小啊[74]；一段新歷史的小小開始。

默默地，拇指姑娘熱切地重複著廿世紀量子理論天才馬克斯・普朗克[75]的話。他喜歡說：「科學向前進步不是因為物理實驗及理論獲得證實，而是因為早一代的人退休了。」一躍向前！

透過長篇大道理、要不就是透過具體的措施，愛抱怨爺爺在當今的時代中創造出一股陰霾的氛圍。他們打擊拇指姑娘的士氣，並通過幾近全面的權力掌握來阻絕各種創新。往昔，父親真實地殺子，現在他們在虛擬中殺死他們。

74　拇指姑娘法文 Petite Poucette 中 petite 字義為「小的」。
75　普朗克（Max Planck, 1858-1947），德國物理學家，諾貝爾物理學獎得主（1918），量子力學奠基者。

他乘的浪被嚇得退縮

我在書中所歌頌的進步大大提高了平均壽命，帶來了許多老年人，他們手中握有財富，尚未被繼承。他們當中的許多人掌握了權力，並拒絕進步。在因果循環下，進步便裹足不前。

各地不乏其例。伊斯蘭國誓死抗拒未來，其無法抗拒的曙光顯露在阿拉伯之春的波瀾中；保守派勢力，如英國脫歐、川普、普丁、埃爾多安[76]……向後退，為了將勢不可擋的未來推開……成千上萬的示威者走上街頭，為了維護該受抵制的既得利益。

左派或右派都支持打擊伊斯蘭國，但是兩邊所持的立場其實別無二致：川普和伊斯蘭國，同一場戰鬥。同一種對未來的恐懼主宰了受到老人控制的政治。富有及統治，

76　埃爾多安（Recep Tayyip Erdoğan, 1954- ），現任土耳其總統。

愛抱怨爸爸（Papa Ronchon）[77] 變得危險。

進入死胡同。「以後更好」（mieux après）製造出「以前有多好」，它再讓「以後更好」陷入危險[78]。

77　呼應前文提到殺孩子的爸爸，所以愛抱怨爺爺搖身一變，成了危險的愛抱怨爸爸。

78　此處的意思跟本節第一段所說的因果循環相同，「以後更好」意味著社會進步，社會進步帶來了老年人口的增加，於是輾轉產生了「以前有多好」的論調，而在老人當政的情況下，又阻礙了進步的可能，扼殺了「以後更好」。

後語

　　親愛的拇指姑娘、親愛的拇指先生，不必再費唇舌跟你們的長輩們（包含我在內）說現今這時代真的比較好：和平、長壽、和平、止痛藥、和平、健康保險、和平，食物品管、和平、衛生與安寧療護、和平、無兵役亦無死刑、和平、自然契約、和平、旅行、和平、減輕勞動辛苦、和平、共享通訊、和平、恐龍制度老態龍鍾的膨脹……

　　……看著你，我的拇指姑娘，這麼小、這麼輕、這麼溫柔，有時候我把你看成一隻鳥、一股靈魂的氣息。啊！多麼希望愛抱怨爺爺少來煩你……